Liebe Leserin, lieber Leser,

schon seit Jahren warnen Experten davor, dass unsere Gesellschaft immer weiter auseinanderdriftet. Gruppen mit unterschiedlichen Einstellungen und Ängsten, Bildungsniveaus und Kontoständen scheinen kaum noch in einen konstruktiven Austausch miteinander zu kommen. Häufig können sich Streitende nicht einmal über die ihrem Konflikt zugrundeliegenden Fakten einigen, scheitern schon an einem einvernehmlichen Startpunkt für eine lösungsorientierte Kommunikation.

Es lohnt sich oft, aus der Situation herauszutreten und das Problem von außen zu betrachten: Denn die Dynamik von Konflikten ist ein seit vielen Jahren gut untersuchtes Forschungsfeld. Mit gesicherten Erkenntnissen und Methoden, die wirklich funktionieren – ganz gleich ob es um Konflikte zwischen gesellschaftlichen Gruppen geht oder um privaten Streit.

Zwei geschiedene Eheleute streiten um den Unterhalt. Ein Arbeitgeber und seine Mitarbeiter sind sich uneins über die Zumutbarkeit von Überstunden. Zwei Atommächte liegen im Clinch um einen Abrüstungsvertrag. Natürlich sind all das Konflikte mit höchst unterschiedlichen Inhalten. Aber es gibt Muster, die immer gleich funktionieren, wenn zwei Parteien verschiedene Interessen durchsetzen wollen. Transparenz, Einfühlungsvermögen, Klarheit sind meistens hilfreich. Die Besinnung auf geteilte Werte, die systematische Suche nach gemeinsamem Grund. In dieser Ausgabe von GEOkompakt haben wir für Sie zusammengetragen, was die Wissenschaft über Konfliktlösung herausgefunden hat – und wie auch Sie diese Erkenntnisse nutzen können.

Freilich verändert sich der Gegenstand der Forschung unentwegt, neue Aspekte kommen hinzu: Die ungehemmte Wut, die sich in der Anonymität des Internets Bahn bricht, erfordert andere Konzepte als ein persönlicher Streit am Wirtshaustisch. Auch davon berichten wir in diesem Heft (Seite 98). Wir wünschen Ihnen gute Erkenntnisse bei der Lektüre – und viele Inspirationen für ein harmonisches Miteinander. Denn gelöste Konflikte sind besser als vermiedene.

Herzlich,

Jens Schröder und Markus Wolff

[06]
Krisenherde
In manchen Gebieten reiht sich ein Konflikt an den nächsten, wie zwischen Israel und Palästina. Wodurch kann Frieden einkehren?

[52]
Konfliktlösungen
Wie es gelingt, dass Dispute eine Beziehung nicht zerstören, sondern sogar stärken

[112]
Konfliktscheu
Aussitzen und Schweigen: Weshalb viele eher den Mund halten, als ihren Unmut zu äußern

[124]
Wut
Auf welche Weise Menschen ihren Zorn ausleben, ob sie zum Beispiel zur Gewalt greifen, unterliegt auch kulturellen Normen

[134]
Neinsagen
Warum sagen wir so oft Ja, obwohl wir eigentlich das Gegenteil meinen?

[44]
Evolution
Aggressionen (hier zwischen Primaten) sind weit verbreitet im Tierreich und werfen Licht auf unsere eigene Streitlust

INHALT

NR 63

Warum Konflikte so vielschichtig sind

Wie sich Konflikte lösen lassen

Fakten und Daten in diesem Heft sind vom GEOkompakt-Verifikationsteam auf Präzision, Relevanz und Richtigkeit überprüft worden. Kürzungen in Zitaten werden nicht kenntlich gemacht. Redaktionsschluss dieser Ausgabe: 22. Mai 2020. Weitere Informationen zum Thema und Kontakt zur Redaktion: www.geokompakt.de. Titelbild: Getty Images

WELT DER KON

Gefährliche Überfahrt: Aufgrund schlechter Lebensbedingungen und kriegerischer Konflikte fliehen Menschen schon seit Jahren aus den Krisenregionen der Welt über das Mittelmeer nach Europa – mit verheerenden Auswirkungen: Allein im Jahr 2016 ertranken mehr als 5000 Asylsuchende in den Fluten

Die wohl schwierigsten Auseinandersetzungen finden nicht zwischen Einzelpersonen statt, sondern zwischen verfeindeten Gruppierungen oder Staaten. Diplomaten versuchen, auch in diesen Kämpfen um Grenzen, Ressourcen und politische Macht Wege zum Frieden zu finden

Texte: Claus Peter Simon und Sebastan Witte

FLIKTE

Durch den Weiterbau einer Mauer zu den Palästinensergebieten ist die israelische Regierung derzeit vor allem bestrebt, die eigene Sicherheitslage zu verbessern – und den Status quo zu zementieren

Eine Schmuggelindustrie ermöglicht es palästinensischen Bewohnern, nach Israel zu gelangen

Arbeiter aus dem Westjordanland versuchen, eine von Isreal errichtete Sicherheitsbarriere zu überwinden

Blick nach drüben: Ahmad, ein 19-jähriger Palästinenser, der auf israelischem Gebiet illegal Geld verdient, muss regelmäßig den Grenzübertritt wagen

Auch per Auto lassen sich Palästinenser zum Arbeiten über die Grenze nach Israel schmuggeln

Grenzkonflikt zwischen *Israel und Palästina*

Der ewige Kampf

Krieg um Krieg führen Israel und seine arabischen Nachbarn seit 1948 gegeneinander; immer wieder flammen zudem Aufstände der Palästinenser auf, verüben Terroristen Anschläge gegen den Staat der Juden. Im Jahr 1977 versucht Ägyptens Präsident Anwar as-Sadat, diesen Teufelskreis zu durchbrechen: Er besucht Jerusalem und beginnt Friedensgespräche mit dem Erzfeind.

Diesem ersten Schritt folgen viele weitere Bemühungen, den scheinbar endlosen Konflikt zwischen Arabern und Israelis beizulegen. Doch die meisten scheitern an der Halsstarrigkeit der Beteiligten, an unüberbrückbaren Interessengegensätzen. Und am Fanatismus radikaler Kräfte.

Und so steht – trotz vielfältiger internationaler Bemühungen – ein echter Frieden für die Region auch im Jahr 2020 in weiter Ferne.

In Aleppo lieferen sich Rebellen und Regierungstruppen im April 2013 erbitterte Häuserkämpfe; schätzungsweise 300 000 Menschen sind damals eingeschlossen

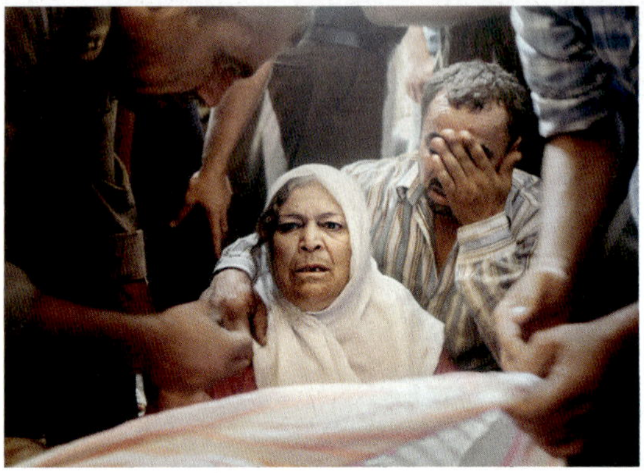

Durch Angriffe der russischen und syrischen Luftwaffe kommen in Aleppo immer wieder Zivilisten ums Leben

Bürgerkrieg in *Syrien*

Undurchsichtige Fronten

Es beginnt 2011 mit dem Arabischen Frühling: Friedliche Proteste richten sich gegen das autoritäre Regime Assad. Es kommt zu Gewalt gegen Demonstranten und zu Ausschreitungen. Desertierende Soldaten bilden die Freie syrische Armee, die den Sturz Assads anstrebt. Auf der Gegenseite unterstützen der Iran und die Hisbollah Machthaber Assad.

Die Lage wird vollends unübersichtlich, als verschiedene religiöse und ethnische Gruppen in den Konflikt eingreifen. Die USA fliegen Luftangriffe gegen die Dschihadisten des IS, aber auch gegen syrische Truppen; die Türkei marschiert in den kurdischen Norden ein. Nach Schätzungen der UN sterben etwa eine halbe Million Menschen. Inzwischen ist das Land – vor allem durch massive russische Unterstützung – praktisch wieder vollständig unter Kontrolle des Assad-Regimes.

Kämpfer der Freien syrischen Armee haben sich in einem nördlichen Stadtteil Aleppos verschanzt

Feuerwehrleute in Australien stehen den ausgedehnten Bränden, wie hier nördlich von Sydney, oft machtlos gegenüber

Klimawandel – *ein globales Phänomen*

Sicherheitsrisiko Natur

Zwar lässt sich nur schwer ein direkter Zusammenhang zwischen dem Klimawandel und einer einzelnen Katastrophe herstellen – so auch im Fall der Buschfeuer in Australien. Zweifellos aber haben die ungewöhnlich hohen Temperaturen bei gleichzeitig geringem Niederschlag die Ausdehnung der Brände begünstigt.

Ähnlich bei Konflikten: Der Klimawandel ist nicht unbedingt der konkrete Auslöser, befördert aber Auseinandersetzungen etwa um zurückgehende Süßwasserressourcen oder erhöht das Risiko von Lebensmittelkrisen.

Und nicht zuletzt kann ein verändertes Klima in bestimmten Regionen der Welt, in denen die Lebensgrundlage der Bevölkerung akut in Gefahr gerät, zu vermehrter Migration führen. Diese wiederum vermag ganze Staaten zu destabilisieren und neue Konflikte heraufzubeschwören.

Auch für die Tiere haben die Brände katastrophale Folgen: Feuer töten Millionen Individuen und zerstören zahlreiche Lebensräume

Kilometerhoch ragen Rauchsäulen in den Himmel und verdunkeln ihn, wie hier in East Gippsland, einer Region zwischen Melbourne und Sydney

Anfang 2020 läuft im Südosten von Australien aufgrund der Buschbrände die größte Evakuierungsaktion in Friedenszeiten

Geschätzt 7000 Migranten sind im Oktober 2018 in einer Karawane unterwegs Richtung USA – der größte Treck in jüngerer Vergangenheit

Migration in die *USA*

Der Marsch ins Ungewisse

In der Hoffnung auf ein besseres Leben setzen sich immer wieder Trecks mit Migranten aus Lateinamerika Richtung USA in Bewegung. Auswanderung gen Norden ist für Menschen aus Honduras, Nicaragua, El Salvador oder Guatemala seit Jahrzehnten ein lebenswichtiger Faktor. Viele schuften in den Vereinigten Staaten auf Farmen und Baustellen, in Fabriken und Hotels, stützen mit Geldtransfers ihre Familien in der Heimat – und so ganze Staaten.

Doch der amerikanische Traum ist für viele Migranten längst ausgeträumt: Die wenigsten, die es in die USA schaffen, haben einen sicheren Status. Und unter der gegenwärtigen Regierung schottet sich das Land weiter ab: Einwanderer werden als Kriminelle stigmatisiert, Abschiebungen konsequenter als bislang durchgeführt. Zudem sollen die mittelamerikanischen Staaten Märsche von Migranten unterbinden. Zur Not mit Gewalt.

Kleidung waschen, verschnaufen:
Nach tagelangen Märschen bei großer Hitze
rastet die Karawane in Mexiko

Erschöpft und müde versuchen die Migranten, Schlaf zu bekommen. Um vier Uhr morgens geht es weiter

Blumen für die Moral: Am Tag dieser Aufnahme marschieren die Auswanderer 50 Kilometer

Orangene Revolution: Massenproteste auf dem Majdan in Kiew im Winter 2013/14 führen zur Absetzung der politischen Elite

Aufstände in der *Ukraine*

Ein Volk begehrt auf

Seit der Unabhängigkeit ist die Ukraine zerrissen zwischen West und Ost, zwischen Europa und Russland. Als Präsident Viktor Janukowitsch im November 2013 ein Assoziierungsabkommen mit der EU verwirft und sich strategsich stärker an Russland bindet, flammen Proteste in Kiews Zentrum auf. Drei Monate lang lehnen sich die Menschen trotz massiver Polizeigewalt gegen Korruption, gegen ihren Präsidenten auf. Mit Erfolg: Um die Straßenschlachten auf dem zentralen Platz, dem Majdan, zu beenden, einigen sich die Konfliktparteien auf die Bildung einer neuen Regierung.

Doch die Ukraine kommt nicht zur Ruhe. Prorussische Separatisten führen fortwährend Krieg mit dem ukrainischen Militär im Osten des Landes. Angeheizt wurde der neuerliche Konflikt durch die russische Annexion der Krim-Halbinsel, die in westlichen Ländern als völkerrechtswidrig gilt.

Zum Schluss steht der Majdan in Flammen. Präsident Janukowitsch gelingt es nicht, den Widerstand der Menge zu brechen

Hinter Barrikaden leben Protestler in selbst gezimmerten Hütten: Künstler, Studenten, aber auch Anwälte und Ärzte

Gewalt auf beiden Seiten: Die Straßenkämpfe von Kiew eskalieren blutig. Mehrere Dutzend Menschen werden getötet

Anstehen für Nahrungsmittel: in einem von den UN bewachten Flüchtlingslager

Die Ärmsten trifft es am härtesten: Vielerorts verschärfen Dürren die Versorgungslage

Helikopter des World Food Programme (WFP) setzen Hilfslieferungen in einem Dorf ab

Eine tägliche Mahlzeit ist für viele Kinder nicht selbstverständlich

Tagelang waren manche dieser Südsudaner unterwegs, um sich bei einem Hilfswerk für medizinische Checks und Lebensmittel zu registrieren

Hungersnot in *Südsudan*

Die Katastrophe mildern

Der Südsudan erreichte nach jahrzehntelangem Krieg 2011 die Unabhängigkeit von Sudan. Seitdem herrscht in dem Land fast durchweg Bürgerkrieg. Schätzungen zufolge kamen durch die blutigen Auseinandersetzungen zwischen Rebellengruppen und Regierung etwa 400 000 Menschen ums Leben. Mehr als vier Millionen Südsudaner sind auf der Flucht, jeweils zwei Millionen im inneren und jenseits des Landes.

Die allermeisten sind auf humanitäre Hilfe angewiesen. Denn der Konflikt macht es unmöglich, dass Familien nachhaltig Felder bestellen oder Viehzucht betreiben. Der Zugang zu Essen bleibt schwierig. Vor allem arme Menschen leiden unter den hohen Preisen und der begrenzten Verfügbarkeit von Nahrungsmitteln.

»Wer Frieden will, muss seine Feinde verstehen«

Der Konfliktforscher* Lars Kirchhoff *hat bereits in vielen internationalen Streitfällen vermittelt und Prozesse der Friedensmediation unterstützt. Er erklärt, wie man Kriegsparteien an einen Tisch bringt und warum funktionierende Telefonverbindungen manchmal wichtiger sind als Verträge auf höchster Ebene

Interview: **Sebastian Kretz**

GEOkompakt: *Herr Professor Kirchhoff, macht es einen Unterschied, ob Sie in einem Streit zwischen mir und meiner Frau vermitteln oder in einem Grenzkonflikt zwischen zwei Staaten?*

Prof. Lars Kirchhoff: Das hoffe ich für Ihre Ehe! Wenn der Streit zwischen Ihnen und Ihrer Frau eskaliert, haben Sie die Gewissheit, dass darüber demokratisch legitimiert und auf hohem intellektuellen Niveau entschieden wird, nämlich vor Gericht. In einem internationalen bewaffneten Konflikt heißt die Alternative zur Einigung in der Regel: Krieg.

Aber das Prinzip, Gespräche zwischen den Parteien zu moderieren, ohne Lösungen vorzugeben, gilt auch bei Auseinandersetzungen zwischen großen Gruppen?

Ja. Laut Definition der Vereinten Nationen müssen die Parteien eine Mediation freiwillig anstreben; wir helfen ihnen lediglich dabei, für beide Seiten hinnehmbare Vereinbarungen zu entwickeln.

Nur dass die Personen, die am Tisch sitzen, nicht für sich selbst sprechen, sondern ihre Dörfer, Regionen oder Völker von einem möglichen Kompromiss überzeugen müssen.

Das ist einer der Gründe, warum Mediation in internationalen Konflikten komplexer ist als zwischen Einzelpersonen. Während der Gespräche stellt sich oft heraus, dass die Entscheidungsfreiheit der Teilnehmer klare Grenzen hat. Das zeigt sich etwa, wenn der Vertreter einer Volksgruppe in Verhandlungspausen ständig Rückversicherungstelefonate führt. Außerdem ist der rechtliche Rahmen sehr unübersichtlich. Es gilt, eine Vielzahl von Regelwerken zu beachten: das Völkerstrafrecht, die Charta der Vereinten Nationen oder Abkommen zwischen den beteiligten Staaten und ihren Nachbarn.

Mit welchem Werkzeug macht man aus Krieg Frieden?

Den Frieden machen die Parteien selbst, wenn sie denn wollen. Wie bei der Mediation zwischen Einzelpersonen verkünden internationale Vermittler keine Entscheidungen oder gar Urteile. Wir legen nur den Rahmen fest, sorgen für Gesprächsregeln, klare Tagesordnungen, ausgeglichene Redezeiten. Der Kern unserer Arbeit ist, die Interessen zu ermitteln, die hinter scheinbar unversöhnlichen Positionen stehen. Streiten Parteien um ein Gebiet, kann es um Zugang zu Bodenschätzen, Infrastruktur oder den Schutz ethnischer Minderheiten gehen. Zusätzlich spielen oft die Beziehungen zwischen den Gegnern oder das Selbstbild der beteiligten Volksgruppen eine Rolle, also ihre Identität. Wenn sich die Parteien ihre Interessen, auch die der Gegenseite, auf diese Weise verdeutlichen, haben sie einen wichtigen Schritt zur Verständigung getan.

Prof. Dr. Lars Kirchhoff ist Direktor des Instituts für Konfliktmanagement an der Europa-Universität Viadrina in Frankfurt (Oder).

In vielen Konflikten führt zudem die Arbeit an technischen Fragen wie dem Wiederaufbau einer Brücke oder der Wiederaufnahme einer Telefonverbindung zu einer Annäherung.

Was nützt es, dass sich Dörfler gegenseitig anrufen können, wenn ihre Regierungen weiter verfeindet sind?

Für das tägliche Miteinander von Menschen sind Dinge wie Telefonverbindungen wichtiger als politische Verträge auf höchster Ebene. Außerdem muss man sich dabei mit der verhassten anderen Seite auseinandersetzen. So werden Feindbilder abgebaut. Zumindest in Demokratien bereitet so eine Annäherung auf lokaler Ebene oft den Boden für eine Einigung auf einer höheren Ebene: Merken die politischen Führer, dass der durchschnittliche Bürger Deeskalation wünscht, gefährden sie mit neuen Hassparolen ihre Wiederwahl.

Wie finden Sie die richtigen Gesprächspartner?

Das ist eine der anspruchsvollsten Aufgaben, die wir bei der Analyse eines Konflikts lösen müssen. In Syrien geht man zum Beispiel davon aus, dass mehr als 100 verschiedene Gruppen an dem Konflikt beteiligt sind. Die können Sie nicht alle an einen Tisch setzen. Man bestimmt dann eine überschaubare Anzahl an verhandlungsbereiten Personen, die möglichst viele andere Gruppen repräsentieren. Später werden diese oft auch beteiligt. Bei den Verhandlungen zum Ukraine-Konflikt saßen etwa die prorussischen Rebellenführer nicht mit am Tisch. Aber als es um Einzelheiten des Waffenstillstandsabkommens ging, hatte die russische Seite dic Gelegenheit, sich mit ihnen telefonisch zu besprechen.

»Der Kern unserer Arbeit ist, Interessen zu ermitteln, die hinter scheinbar unversöhnlichen Positionen stehen«

Wohin lädt man Kriegsparteien eigentlich ein, um über Frieden zu sprechen?

Die Wahl des Ortes ist sehr sensibel. Für die Verhandlungen über die Ostukraine wäre Moskau zum Beispiel nicht infrage gekommen. Der Ort muss aber nicht nur symbolisch unverfänglich, sondern auch sicher sein und eine gute Infrastruktur haben: einen Flughafen, stabile Stromversorgung, Telefon, Internet. Außerdem müssen alle Parteien einreisen dürfen, ohne verhaftet zu werden. Wenn Gruppen beteiligt sind, die auf Terrorismuslisten stehen, ist das nicht selbstverständlich. Es ist kein Zufall, dass die neutrale Schweiz oft Gastgeber solcher Verhandlungen ist.

Sie versuchen, zwischen Menschen zu vermitteln, die vor Kurzem noch Krieg gegeneinander geführt haben. Reden die überhaupt miteinander?

Wir haben einmal ein Treffen zwischen den Vertretern eines Staates und einer abtrünnigen Region organisiert. Als sich der Gesandte der Separatisten zu Beginn als künftiger Außenminister vorstellte, verließ die andere Delegation den Raum. Aus ihrer Sicht konnte das Gebiet, das sie als Teil ihres Staates betrachteten, keinen eigenen Außenminister haben.

Wie haben Sie sie überzeugt, dennoch zu verhandeln?

Ich habe die Delegationen gefragt, ob ein Abbruch der Gespräche, bevor diese überhaupt begonnen haben, nicht ein etwas zu kantiges Zeichen wäre – die sitzen ja da, weil sie eine Lösung finden wollen. Das Problem der Amtsbezeichnung lösten wir, indem wir eine neutrale, für beide Seiten akzeptable Anrede fanden. Wir baten beide Parteien, sich in die Lage des Gegners zu versetzen und dessen wahrscheinliche Motive aufzuschreiben. Beide Seiten zogen sich zurück und erstellten entsprechende Dokumente. Dann fragten wir beide Seiten: „Sehen Sie an irgendeiner Stelle Optionen, sich näherzukommen?"

Da sitzen Kriegsparteien am Tisch, und Sie stellen Hausaufgaben?

Solche Methoden müssen wir natürlich respektvoll und in angemessener Sprache anmoderieren. In diesem Fall habe ich den Delegationen gesagt, dass sie nur souverän verhandeln können, wenn sie ein möglichst vollständiges Bild der Interessen aller Beteiligten haben. Also auch der des Gegners. So ein Vorgehen setzt allerdings voraus, dass die Teilnehmer genügend Zeit haben. In dem Fall war es fast eine Woche, was bei Verhandlungen auf Regierungsebene leider selten ist.

Hat es funktioniert?

Wir sind immerhin in die tiefen Schichten des Konflikts vorgedrungen, in denen über Interessen überhaupt gesprochen werden kann. Leider ist Erfolg auch hier relativ: Wenige Monate später sind die militärischen Auseinandersetzungen eskaliert.

Gibt es Konflikte, bei denen von vornherein klar ist, dass eine Mediation nicht sinnvoll wäre?

Ja, zum Beispiel wenn der Streit rechtlich eindeutig ist, etwa ein Staat eine international unumstrittene Grenze verletzt hat. Oder nehmen Sie die Anschläge des sogenannten Islamischen Staats in Paris 2015. Diese Art der Kriegsführung stellt unsere gesamte Werteordnung infrage. Wenn nicht einmal ein Minimalkonsens wie ein grundsätzliches Bekenntnis zu Frieden und Menschenwürde vorliegt, gibt es nichts zu mediieren ●

Faszinierende Bildwelten der GEO-Bücher!

GEO Bildband „Portraits – Die Schönheit der Insekten“

39,99 €

Die Bilder von Levon Biss, die aus bis zu 8000 Einzelaufnahmen zusammengesetzt wurden, sind eine einzigartige Insektenstudie, der Bildband eine Mischung aus Kunst und Wissenschaft.

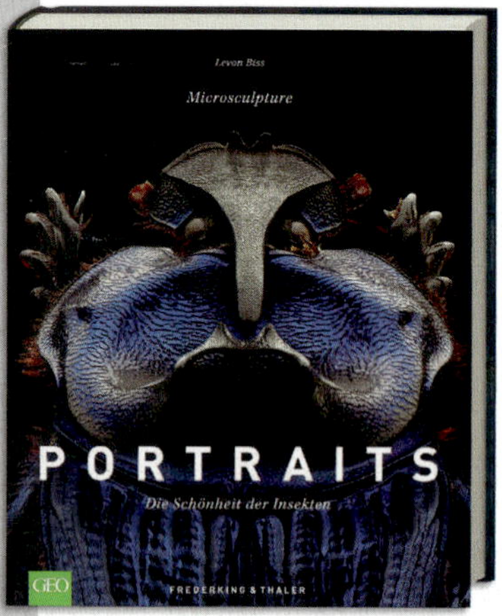

Maße: 24,5x30,5 cm, 144 Seiten
Best.-Nr.: G729240
Preise: 41,20 € (A)/52.90 Fr. (CH)

Erweiterte Neuauflage

GEO Bildband „166 Tage im All“

Der Astronaut Alexander Gerst gibt Einblicke in sein Tagebuch und zeigt bisher unveröffentlichte Fotos. Die erweiterte Neuauflage beinhaltet ein neues Kapitel über die Vorbereitung zur Mission „Horizons“, die im Juni 2018 startete.

Maße: 26,8x28,9 cm, 208 Seiten
Best.-Nr.: G729137
Preise: 41,20 € (A)/43.90 Fr. (CH)

40,00 €

GEO Bildband „Neue Weltbilder“

Spannende Kugelpanoramen, Drohnenfotografie und staunenswerte Erdbilder aus Helikopter, Flugzeug und Ballon: Die künstlerischen Natur- und Städteaufnahmen, mal nah dran, mal weit weg, sind Weltklasse. So haben Sie die Alpen, die Niagarafälle und Norwegens Fjorde garantiert noch nicht gesehen!
Die Basis der Fotografen ist Moskau.

Maße: ca. 26,8x28,9 cm,
192 Seiten
Best.-Nr.: G729213
Preise: 41,20 € (A)/49.50 Fr. (CH)

40,00 €

GEO Bildband „Sturmjäger“

Aus harmlosen Wolken brauen sich gefährliche Unwetter zusammen. Der Himmel wird dunkel, Sturm fegt übers Land und Hagel trifft mit Wucht auf die Erde. Wetterphänomene und Meteorologie sind die Passion des Sturmjägers Bastian Werner. Sein Bildband präsentiert spektakuläre Fotografien: Von Blauer Stunde über Gewitterzellen bis zu leuchtenden Nachtwolken.

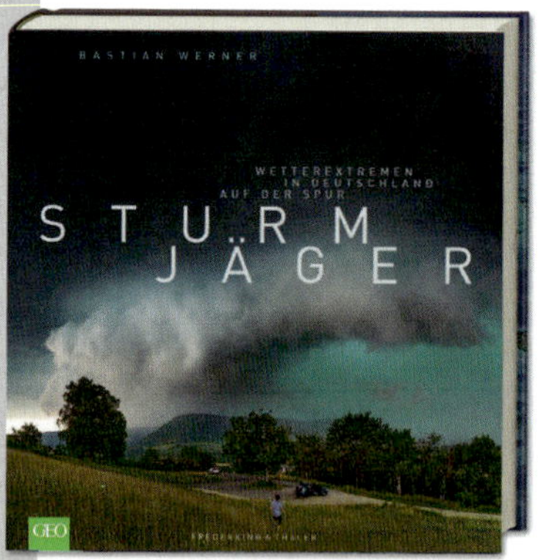

Maße: 26,8x28,9 cm, 192 Seiten
Best.-Nr.: G729239
Preise: 41,20 € (A)/49.50 Fr. (CH)

39,99 €

Jetzt bestellen unter **www.geoshop.de/buecher2020** oder telefonisch unter **+49 (0) 40/42 23 64 27**

(Bitte geben Sie immer den Aktionscode an: G00172)

GEO Shop
Das Beste von GEO zum Bestellen

59,00 €

GEO Bildband „Die Erde von oben“

Der GEO-Fotograf Yann Arthus-Bertrand fotografierte die interessantesten Landschaften und Bauwerke, Dörfer, Städte und Länder der Welt aus geringer Höhe von oben. Das Buch ist ein außergewöhnliches Porträt unseres Planeten mit Einblicken in die Kultur der Menschen.

Maße: 28,5x36,5 cm, 440 Seiten
Best.-Nr.: G647200
Preise: 60,70 € (A)/78.90 Fr. (CH)

GEO Bildband „Wildlife Fotografien des Jahres, Portfolio 29“

Die besten Naturfotografien des Jahres 2018: Der Wettbewerb »Wildlife Photographer of the Year« prämiert herausragende künstlerische Aufnahmen der Natur. Die 100 besten Bilder der Sieger 2019 zeigt dieser Band mit einem Begleittext, der die Entstehungsumstände spannend beschreibt. Er zeigt meisterhafte Beispiele von Tier- und Landschaftsbildern, die unseren Planeten in seiner Schönheit und Zerbrechlichkeit zeigen.

Maße: 25x25 cm, 160 Seiten
Best.-Nr.: G729269
Preise: 36,00 € (A)/47.90 Fr. (CH)

35,00 €

Coupon einfach ausfüllen, ausschneiden und senden an: GEO Kundenservice, 74569 Blaufelden

GEO-Bestellcoupon – versandkostenfreie Lieferung ab 80,– €!

Ich bestelle folgende Artikel:

Produktbezeichnung	Best.-Nr.	Preis D	Menge
☐ GEO Bildband „Portraits – Die Schönheit der Insekten“	G729240	39,99 €	
☐ GEO Bildband „166 Tage im All“	G729137	40,00 €	
☐ GEO Bildband „Neue Weltbilder“	G729213	40,00 €	
☐ GEO Bildband „Sturmjäger“	G729239	39,99 €	
☐ GEO Bildband „Die Erde von oben“	G647200	59,00 €	
☐ GEO Bildband „Wildlife Fotografien des Jahres, Portfolio 29“	G729269	35,00 €	
Gesamtsumme: (zzgl. 3,90 € Versandkosten, versandkostenfreie Lieferung ab einem Bestellwert von 80,00 €)			

Meine persönlichen Angaben: (bitte unbedingt ausfüllen)

Abonnentennummer (wenn vorhanden)

Name I Vorname

Geburtsdatum

Straße I Nummer

PLZ I Wohnort

Telefon

E-Mail

☐ Unsere Kunden informieren wir gemäß § 7 Abs. 3 UWG per E-Mail über eigene ähnliche Angebote aus unserem Verlag. Dem können Sie über den Abmeldelink am Ende jeder E-Mail oder Hinweis an abo-service@guj.de widersprechen.

☐ **Ich zahle per Rechnung**

☐ **Ich zahle bequem per Bankeinzug** (nur in Deutschland möglich)

BIC

IBAN

Bankinstitut

SEPA-Lastschriftmandat: Ich ermächtige die Gruner+Jahr GmbH, Am Baumwall 11, 20459 Hamburg, Gläubiger-Identifikationsnummer DE31ZZZ00000031421, wiederkehrende Zahlungen von meinem Konto mittels Lastschrift einzuziehen. Zugleich weise ich mein Kreditinstitut an, die von der Gruner+Jahr GmbH auf mein Konto gezogenen Lastschriften einzulösen. Die Mandatsreferenz wird mir separat mitgeteilt. **Hinweis:** Ich kann innerhalb von 8 Wochen, beginnend mit dem Belastungsdatum, die Erstattung des belasteten Betrages verlangen. Es gelten dabei die mit meinem Kreditinstitut vereinbarten Bedingungen.

Auslandspreise auf Anfrage.

Widerrufsrecht: Sie können die Bestellung binnen 14 Tagen ohne Angabe von Gründen formlos widerrufen. Die Frist beginnt an dem Tag, an dem Sie die Lieferung erhalten, nicht jedoch vor Erhalt einer Widerrufsbelehrung gemäß den Anforderungen von Art. 246a § 1 Abs. 2 Nr. 1 EGBGB. Zur Wahrung der Frist genügt bereits das rechtzeitige Absenden ihres eindeutig erklärten Entschlusses, die Bestellung zu widerrufen. Sie können hierzu das Widerrufs-Muster aus Anlage 2 zu Art. 246a EGBGB nutzen. Der Widerruf ist zu richten an: GEO Versandservice, 74569 Blaufelden; Telefon:+49(0)40-42236427; Telefax: +49(0)40-42236663; E-Mail: guj@sigloch.de

Datum I Unterschrift

Aktionsnr.: G00172

Die Schl

Ob unter Nachbarn, auf dem Schulhof oder zwischen Staaten: Sind Konflikte verhärtet, können Mediatoren die Zerstrittenen dabei unterstützen, aufeinander zuzugehen – und gemeinsam eine Lösung zu erarbeiten

Der Kriminologe und Jugendarbeiter Craig Pinkney koordiniert europaweit Projekte zum Verständnis und zur Bekämpfung von Gang-Gewalt

ichter

Text: Marion Hombach

Die Wurzeln der Gewalt

Messerattacken, Überfälle, Schießereien: Vor allem in Gangs eskalieren Konflikte häufig brutal. Craig Pinkney, aufgewachsen in Birmingham in England, kennt Straßengewalt aus eigener Erfahrung und erforscht heute deren Ursache.

Sein Plädoyer: Um das Phänomen einzudämmen, sei es stärker als bislang nötig, betroffene Jugendliche psychologisch zu unterstützen. Ihre Aggression, ist Pinkney überzeugt, fußt teils auf einer kindlichen Traumatisierung, die nie behandelt wurde.

P

Petra Sörke, die Finanzberaterin,* sitzt in ihrem Kostüm kerzengerade auf ihrem Stuhl, neben sich eine Aktentasche. Ihr Bruder Michael dagegen, der halbtags in einer Zoohandlung arbeitet, rutscht an diesem Frühjahrstag unruhig hin und her, fasst sich nervös mal in die Haare, mal an die Brille.

Als die Geschwister gegen neun Uhr in dem hell gestrichenen, nur mit Tisch, Stühlen und einem Flipchart möblierten Büro aufeinandertreffen, haben sie vor allem eines gemein: Sie wären lieber an einem anderen Ort – ohne den anderen.

Dass sie sich dennoch bei Jürgen von Oertzen in Karlsruhe treffen, ist schon ein Erfolg. Denn seit mehr als einem Jahr streiten die Geschwister um das Erbe ihrer verstorbenen Mutter – und das zuletzt so heftig, dass sie nicht mehr miteinander gesprochen haben.

Nun soll ihnen von Oertzen helfen. Der promovierte Politikwissenschaftler ist Mediator, ein professioneller Vermittler. Er ist allparteilich und hilft Zerstrittenen, aufeinander zuzugehen, gemeinsam einen Weg zu finden, den Konflikt beizulegen – sich vielleicht sogar wieder zu versöhnen.

Beiden Seiten zugewandt, setzt sich ein Mediator gleichermaßen für alle Beteiligten ein, hilft ihnen etwa, den eigenen Standpunkt auszudrücken und den des anderen zu verstehen, und bringt sie überhaupt erst wieder miteinander ins Gespräch.

Ein Mediator ist kein Richter, der ein Urteil fällt. Vielmehr soll er durch sein Geschick dazu beitragen, dass die Parteien selber einen Weg finden.

Zunächst geht es darum, nüchtern zu klären, was bis dahin geschehen ist.

Petra und Michael Sörke erzählen, dass ihre Mutter vor etwa einem Jahr gestorben ist. Sie hat den Kindern unter anderem das Elternhaus hinterlassen – und die zwei können sich nicht darüber einigen, ob sie es behalten sollen. Petra, die Ältere, möchte das Haus rasch verkaufen, zumal sie 300 Kilometer entfernt wohnt. Sie finanziert ihre Familie, zahlt ihren beiden Kindern das Studium und wünscht sich daher Entlastung.

Der kinderlose Michael, der in dem Haus lebt und seine Mutter in den letzten Jahren ihres Lebens gepflegt hat, empfindet seine Schwester als herzlos. Für ihn ist das Haus voller Erinnerungen, und er will dort wohnen bleiben. Allerdings kann er seine Schwester weder auszahlen noch ihr von seinem kleinen Einkommen anteilig die Marktmiete für ein Haus in dieser Lage zahlen.

Zudem sind sich beide uneins, wie ihm die Pflegezeit abgegolten werden soll. Michael findet, angesichts seiner jahrelangen, aufopferungsvollen Arbeit sei es angemessen, dass seine Schwester auf einen Teil ihrer Ansprüche an dem Haus verzichtet. Petra hingegen meint, dass die Pflegeleistung durch die Jahre, in denen Michael kostenlos bei der Mutter wohnte, abgegolten sei.

Darüber streiten sich die Geschwister inzwischen seit Monaten. Eskaliert ist die Auseinandersetzung, als Petra Sörke ihrem Bruder per Post eine Tabelle schickte, in der die Kosten des Hauses verzeichnet waren – um zu belegen, dass der Verkauf die vernünftigste und wirtschaftlichste Lösung wäre.

Der Bruder verbrannte das Schreiben, fühlte sich gemaßregelt und bevormundet. Das wiederum kränkte die Schwester. Seither haben die beiden nicht mehr miteinander gesprochen.

Es war Michaels Idee, einen Vermittler zu Hilfe zu nehmen – ohne recht zu wissen, was ihn bei einer Mediation

* Namen und Details wurden geändert

Ein Mediator ist kein Therapeut. Und kein Richter. Die Konfliktparteien sollen gemeinsam

eine Lösung finden.

Jürgen von Oertzen unterstützt vor allem Arbeitsteams und Familien bei der Suche nach Konfliktlösungen

Der empathische Weg

Mediatoren wie Jürgen von Oertzen können Streitende – etwa im Zwist um ein Erbe – zu selbstbestimmten Lösungen führen. Mittels vielfältiger Methoden und Gesprächstechniken klärt er die Anliegen und Bedürfnisse seiner Klienten – und versucht das zu wecken, was vielen Menschen bei heftigen Auseinandersetzungen verloren geht: Vertrauen, Mitgefühl, Respekt, Zuversicht.

So bewahrt er die Konfliktparteien oft vor dem Äußersten: einen Richter anzurufen.

erwartet. Seine Schwester willigte sofort ein. Und so treffen sie sich zwei Wochen später bei Jürgen von Oertzen.

Je nach eigener Ausrichtung und individuellem Fall geht ein Mediator unterschiedlich vor. Etliche Ansätze werden in der Theorie beschrieben und voneinander abgegrenzt.

Manche stellen vor allem die Beziehung der Kontrahenten in den Mittelpunkt. Deren Verbesserung bietet dann eine verlässliche Grundlage, um im konkreten Streit eine Einigung zu erreichen – und auch darüber hinaus.

a

Andere Vorgehensweisen konzentrieren sich direkt auf den Sachkonflikt, um eine möglichst schnelle und für beide Seiten akzeptable Lösung herbeizuführen. Eine darüber hinausgehende Annäherung der Streitenden ist natürlich erwünscht, steht aber nicht im Mittelpunkt.

In der Praxis halten sich die meisten Mediatoren – auch Jürgen von Oertzen – nicht streng an eine einzige Methode, sondern kombinieren je nach Situation verschiedene Elemente.

Welches Verfahren geeignet ist, entscheidet er nach einer sorgfältigen Zielklärung. Deshalb sprechen er und die Geschwister zu Beginn über das Ziel ihrer Zusammenkunft: Spätestens nach acht Stunden soll eine Regelung für das elterliche Haus gefunden sein, der beide mit gutem Gefühl zustimmen können.

Seraina Eldada arbeitet als Vermittlerin für »Ärzte ohne Grenzen« in Krisensituationen

Ein guter Vermittler versucht den Blick auch auf die Zukunft zu richten: weg vom aktuellen Streit.

Auf schwieriger Mission

Wenn Seenotretter von privaten Organisationen schiffbrüchige Flüchtlinge im Mittelmeer aufspüren, geraten sie zuweilen auch mit der libyschen Küstenwache aneinander. Die steht in Verdacht, ihrer Verpflichtung, Leben zu retten, nicht ausreichend nachzukommen.

Dann ist es an Mediatoren wie Seraina Eldada, mit diplomatischem Geschick dafür zu sorgen, dass die Flüchtlinge an Bord des europäischen Rettungsschiffs kommen können – und so einen sicheren Hafen erreichen.

Die ehemalige US-Richterin Shira Sheindlin, Jg. 1946, ist bekannt für kreative Schlichtungen

Jenseits der Gerichte

Seit ihrer Pensionierung als Bezirksrichterin im Jahr 2016 engagiert sich die Amerikanerin unter anderem für eine gemeinnützige Organisation, die sich auf die Schlichtung schwieriger Streitfälle spezialisiert hat – vom Zwei-Parteien-Konflikt bis zu komplexen Schiedsverfahren zwischen mehreren Wirtschaftsunternehmen.

Das Ziel: Zum Wohle des öffentlichen Interesses sollen erfahrene Experten effizent und kostengünstig Lösungen vermitteln, damit langwierige und teure Gerichtsprozesse vermieden werden können.

Nicht jede Mediation hat eine derart schnelle Einigung zum Ziel. Manche zieht sich über Monate hin. Doch der Ablauf wirkt von außen betrachtet meist ähnlich: Menschen treffen sich, sitzen zusammen, der Mediator fragt, hört zu, macht sich Notizen. Das eigentliche Geschehen vollzieht sich im Innern der Beteiligten.

Von Oertzen bittet die Geschwister zunächst, den Blick in die Zukunft zu richten: weg vom aktuellen Streit, hin zu einer Vision, wie es einmal werden könnte. Was wäre, wenn sie den Disput erfolgreich hinter sich gelassen hätten?

Sie würde sich befreit fühlen, sagt die Schwester, hätte „einen Mühlstein vom Hals“. Michael fällt es schwerer, sich eine solche Zukunft vorzustellen, doch nach einer Weile sagt er: Er würde sich „aufgehoben“ fühlen.

Sicherheit, Geborgenheit, Unabhängigkeit – immer wieder gehe es in Mediationen letztlich um solche fundamentalen Bedürfnisse, so von Oertzen. Erst wenn diese klar ausgesprochen seien, könne es eine Lösung geben.

Eine Mediation ist keine Therapie. Doch der jeweilige Ausgang kann sich ähneln: Menschen beginnen sich oder die Beziehung zueinander besser zu verstehen, setzen sich mit lange verdrängten Empfindungen auseinander, finden einen neuen Umgang miteinander.

„Wenn die Klienten erkennen, warum eine gemeinsame Lösung besser für sie wäre als der Kampf“, sagt von Oertzen, „kann die Suche danach erfolgreich sein.“

Daher gilt es nun, die Positionen und die dahinterliegenden Bedürfnisse zu klären. Petra und Michael Sörke erzählen jeweils aus eigener Perspektive, was geschehen müsste, um das Zerwürfnis zu beenden.

In dieser Phase, erläutert von Oertzen, gehe es für jeden der beiden Kontrahenten darum, seine Sicht der Dinge ohne Einspruch des anderen darstellen zu dürfen.

Zudem hilft der Mediator, indem er das Gesagte in seinen eigenen Worten wiedergibt und Verständnisfragen stellt.

So unterstützt er die Parteien darin, ihre eigene Wahrnehmung der Situation dem anderen verständlich zu machen. Denn oft glaubt der Sprecher, seinen Standpunkt viel klarer zu schildern, als das in der Realität der Fall ist.

Durch die Rekapitulation kann der Mediator Missverständnisse aufklären und Nuancen herausarbeiten. Und es kommen Gefühle und Motive zum Vorschein, die der jeweils andere oft gar nicht erahnt hat. „Auf diese Weise merken die Beteiligten allmählich, dass es offenbar möglich ist, den anderen zu verstehen – sofern man ihm Raum schenkt, sich zu erklären.“

Wenn sich pauschale Vorwürfe oder gar persönliche Angriffe in die Beschreibungen mischen, greift der Vermittler ein. In Schulungen trainieren Mediatoren dafür besondere Gesprächstechniken, üben wieder und wieder, Streitende freundlich, aber bestimmt zu unterbrechen, zu beruhigen oder zu animieren, Eskalationen ebenso wie Blockaden zu überwinden.

Keineswegs darf der Vermittler jedoch versuchen, seine Klienten zu einem Ziel zu dirigieren, dass ihm selber sinnvoll erscheint. Aus Prinzip machen Mediatoren deshalb keine Vorschläge, wie die Lösung des Konflikts aussehen könnte, und geben auch keine Einschätzungen, wie realistisch die Vorstellungen der Kontrahenten sind.

Sie fragen allenfalls nach – etwa, wie sicher die Streitenden sich sind, vor Gericht gegen den anderen gewinnen zu können.

Den Inhalt ihrer Einigung müssen die Disputanten also selbst erarbeiten – doch auf dem Weg dahin unterstützt sie der Mediator durch klare, durchdachte Vorschläge zum Vorgehen.

Von Oertzen ergreift an diesem Tag vor allem dann das Wort, wenn die Geschwister auf die gegenseitigen Kränkungen zu sprechen kommen. Versucht zu

Erst wenn die Bedürfnisse und Wünsche aller Beteiligten klar ausgesprochen sind, kann es eine Annäherung geben.

Im Norden Londons berät Victoria Scott Paare, die eine schwierige Trennung zu bewältigen haben

In Gesprächen realisieren viele Zerstrittene, dass eine gemeinsame Lösung besser für sie wäre

als der Kampf.

klären, in welchen Momenten, bei welchen Formulierungen die Gefühle der beiden aufwallen.

Und so stellen Petra und Michael Sörke allmählich – und oft mit großem Erstaunen – fest, was von außen betrachtet geradezu selbstverständlich erscheint, aber über den Streit verloren gegangen ist: Je stärker sie sich in den anderen einfühlen, desto eher erkennen sie, dass dessen Standpunkt nachvollziehbar ist. So kommen sich die Widersacher so nahe wie lange nicht mehr.

Von Oertzen fragt die Geschwister, was genau erfüllt sein müsste, damit sie zufrieden wären. Nach einiger Zeit stellt sich heraus, dass es Michael Sörke gar nicht so wichtig ist, die Pflege der Mutter auf Heller und Pfennig verrechnet zu bekommen – doch ohne finanzielles Entgegenkommen seiner Schwester könnte er es sich schlicht nicht leisten, im Haus zu bleiben.

Bei diesem Wunsch, so zeigt sich nun, geht es nicht nur um seine Erinnerungen an die Familie: sondern vor allem darum, einen Ort zu haben, von dem aus er neu starten kann. Petra Sörke wird indes bewusst, dass sie zwar Geld für das Studium ihrer Kinder braucht – aber dass es nicht unbedingt gleich die ganze Summe sein müsste, die ihr beim Verkauf des Hauses zufiele. Der Friede mit dem Bruder ist ihr ebenfalls wichtig, und das bringt sie auch zum Ausdruck: „Wir sind halt doch eine Familie."

Diese Erkenntnisse werden zum Wendepunkt des Gesprächs: Zum ersten Mal wirkt Michael Sörke etwas weniger angespannt; er lässt die Armlehne seines Stuhls los. „Von diesem Moment an ergibt sich der weitere Verlauf fast von selbst", sagt von Oertzen später.

Dann kann die Suche nach dem beginnen, was die Streitenden, gefangen in

Gütlicher Neubeginn

Wenn Paare sich trennen, ist Zwist oft vorprogrammiert: Wer darf wann die gemeinsamen Kinder sehen? Wie sind Vermögenswerte aufzuteilen? Was geschieht mit den Haustieren?

Damit Expartner nicht unnötig vor Gericht landen, hat sich die Expertin Victoria Scott aus London auf die Mediation von Trennungen spezialisiert. Ihr Anliegen ist es, unparteiisch Lösungen zu finden, die für beide Seiten akzeptabel sind – und eine Chance für einen echten Neustart bieten.

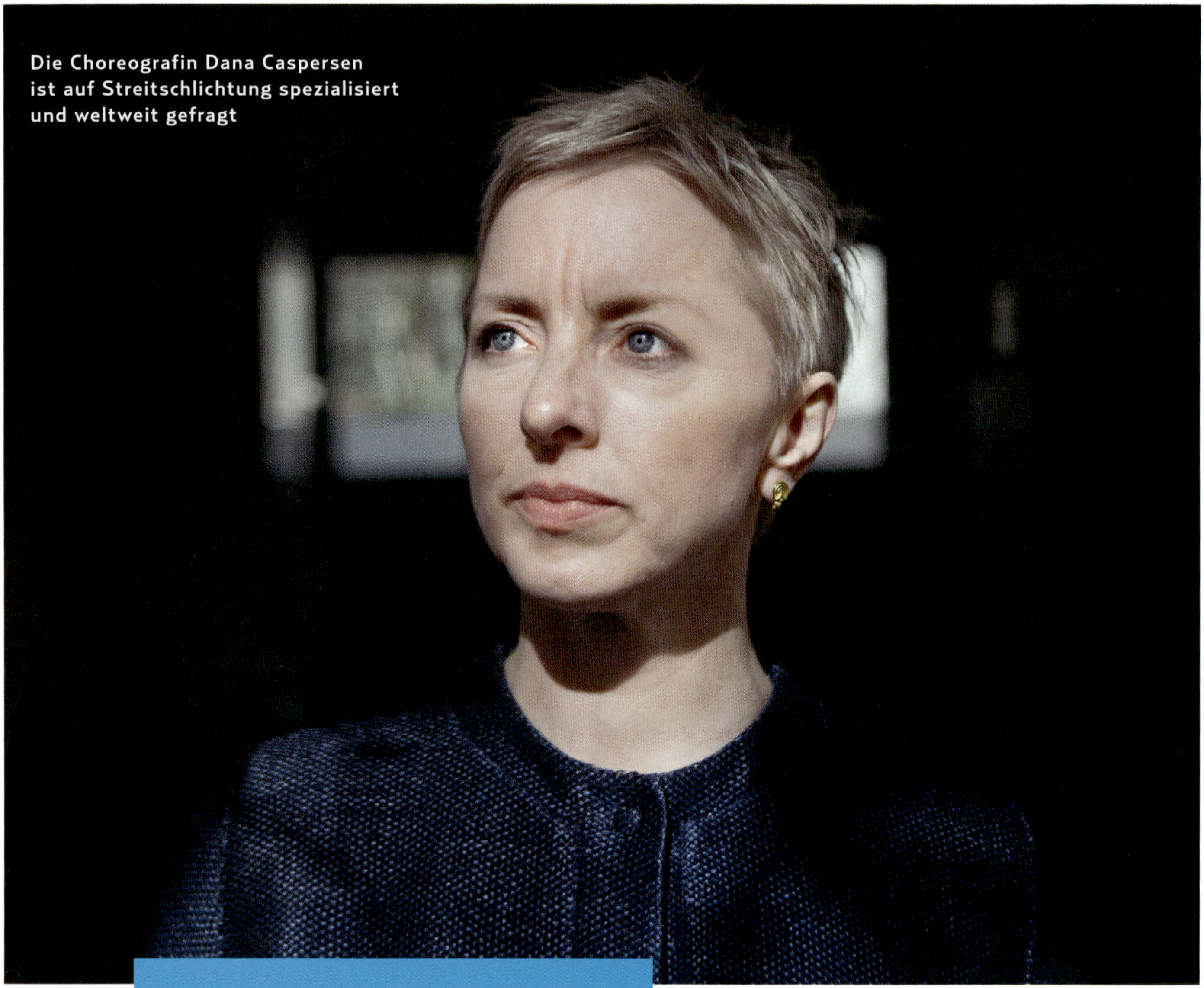
Die Choreografin Dana Caspersen ist auf Streitschlichtung spezialisiert und weltweit gefragt

Der Tanz um Annäherung

Drei Jahrzehnte lang stand Dana Caspersen als Balletttänzerin auf der Bühne. Heute nutzt sie ihre künstlerische Erfahrung, um Konfliktlösungsprozesse zu gestalten. Dazu erarbeitet sie etwa unter Mitwirkung von Migranten und Einheimischen öffentliche Performance-Projekte, die Austausch, Toleranz, Dialog mittels choreografischer Techniken fördern sollen.

Ihre heutige Tätigkeit als Mediatorin beschreibt sie als Fortsetzung ihres ursprünglichen Berufs mit anderen Mitteln.

ihrer subjektiven Sichtweise, nicht gesehen haben: nach einer Lösung, die beide Seiten zufriedenstellt.

Aus den Konfliktparteien werden nun Konfliktpartner. Dabei sollen sie ohne jede Beschränkung kreativ sein: Keine Idee ist zu abwegig, es soll alles ohne jede Vorauswahl zusammengetragen werden.

Je nach Methode kann der Mediator dabei die Parteien anleiten, frei zu assoziieren, Karten für eine Pinnwand zu beschriften oder sich zunächst vorzustellen, was sie tun müssten, um den Konflikt ganz sicher nicht zu lösen. Für die Geschwister lautet die Aufgabe nun, sich zu überlegen, was mit einem Haus überhaupt alles geschehen könnte. Die Zwangsversteigerung wird erwähnt – aber auch der Gedanke, es lieber gleich abzubrennen. Oder dass die Schwester ihre Familie einpackt und zum Bruder zieht. Die beiden feixen, lachen. Es ist, als wollten sie sich mit abwegigen Ideen überbieten.

Doch bald sprechen sie sachlicher miteinander: Wie wäre es, wenn Michael in dem Haus wohnen bliebe, seiner Schwester so viel Mietanteil zahlte, wie es ihm möglich ist – und verspräche, in fünf Jahren auszuziehen? In dieser Zeit könnte er versuchen, Abstand zu gewinnen, sich lösen von der Vergangenheit. Anschließend könnte Petra das Haus verkaufen.

Auf diese Weise wäre sie sofort zumindest ein wenig finanziell entlastet, ihr Bruder erhielte mehr Anerkennung für die Pflege der Mutter, vor allem aber Zeit für einen Neuanfang – und beide würden nicht mehr in Streit miteinander leben.

Geübten Vermittlern gelingt es, genau das zu wecken, was Menschen bei einer heftigen Auseinandersetzung verloren geht: Mitgefühl und Vertrauen, Wohlwollen und Respekt, Kreativität und Zuversicht. So bringen die Mediatoren in Bewegung, was zuvor starr war.

Die Geschwister Sörke gehen in den Monaten nach der Mediation sogar noch weitaus stärker aufeinander zu, als sie es sich anfangs vorstellen konnten: Bereits ein halbes Jahr nach der Vereinbarung zieht Michael aus dem Elternhaus aus – und in die Nähe der Schwester.

Die Immobilie, die bei den Geschwistern zu so viel Streit geführt hatte, verkaufen sie einvernehmlich. Mit dem Erlös kann Petra nun wie erhofft ihre Kinder leichter unterstützen, und Michael finanziert mit seinem Anteil eine kleine Eigentumswohnung. Noch wenige Monate zuvor hätten es beide nicht für möglich gehalten, einen Weg zu finden, der sie nicht nur die Erbschaft regeln lässt, sondern zudem dazu führt, dass sie als Familie wieder näher zueinanderfinden.

Sie haben eine Lösung gefunden, die ganz anders ist als ein Gerichtsurteil, das meist eine Seite zum Gewinner, die andere zum Verlierer macht.

Und: Das Ergebnis ist auch kein Kompromiss, bei dem die Parteien auf ihren Forderungen bestanden haben, aber jeweils nur einen Teil dieser Forderungen verwirklichen konnten.

Was Petra und Michael Sörke mit der Hilfe des Mediators erreicht haben, ist viel mehr als das: Dadurch, dass sich beide von ihren ursprünglichen Positionen gelöst haben, ist es ihnen gelungen, ihre eigentlichen Bedürfnisse zu erkennen – denen aber entspricht das nun gefundene Resultat viel besser als das, was sie am Anfang wollten.

So sind beide als Gewinner aus der Mediation hervorgegangen.

Dass die beiden Geschwister dauerhaft ein gutes Verhältnis zueinander erhalten und dass Michael der erhoffte Neustart in seinem Leben gelingt, ist damit zwar nicht garantiert.

Die bestmöglichen Voraussetzungen dafür aber sind geschaffen.

Nicht jede Vermittlung ist derart erfolgreich. Doch die Chancen dazu stehen gut, weiß Jürgen von Oertzen nach vielen Mediationen: weil die Parteien bereit waren, sich gemeinsam an einen Tisch zu setzen.

Eine Einigung ist für die meisten Klienten eine Befreiung: als würde ein Mühlstein vom Hals genommen.

Was einen guten Mediator ausmacht

Bei der Suche nach Vermittlern können sich Interessierte an Zertifikaten orientieren

Als Berufsbezeichnung ist der Begriff „Mediator" in Deutschland nicht geschützt. Seit 2012 sind die Grundzüge professionell durchgeführter Mediationen jedoch per Gesetz festgeschrieben, und seit 2017 regelt eine Verordnung, an welche Voraussetzungen die Bezeichnung „zertifizierter Mediator" gebunden ist: darunter eine Ausbildung mit mindestens 120 Unterrichtsstunden sowie mehrere Supervisionen und regelmäßige Fortbildungen.

Wer einen Mediator sucht, sollte sich an den großen Verbänden orientieren. Der Bundesverband Mediation (bmev.de) vergibt die Lizensierung als „Mediator BM". Dafür muss der Betreffende eine fundierte Ausbildung von mindestens 200 Unterrichtsstunden in Konfliktbeilegung sowie praktische Erfahrung nachweisen und sich zudem auf eine Reihe von ethischen Grundsätzen verpflichten.

Ähnliche Qualitätsstandards verlangen etwa die Bundesarbeitsgemeinschaft für Familienmediation (bafm-mediation.de) sowie der Bundesverband Mediation in Wirtschaft und Arbeitswelt (bmwa-deutschland.de). Auf den Websites der Organisationen finden sich hilfreiche Hinweise für die Mediatorensuche sowie ausführliche Informationen zum Thema.

Gelungener Austausch fußt immer auch darauf, dass Menschen einander mit Wohlwollen begegnen, einander zuhören, sich für die Belange des anderen interessieren. Der US-amerikanische Fotograf Stephen DiRado hat zahlreiche Familien und deren vielschichtiges Miteinander porträtiert

Interview: **Claus Peter Simon**
und **Bertram Weiß**

Fotos: **Stephen DiRado**

Unter Menschen flammen immer wieder Konflikte und Missverständnisse auf. Der Psychologe und Kommunikationsexperte **Friedemann Schulz von Thun** erläutert, wie wir **besser streiten** und zu einem wirklich harmonischen Miteinander finden können

Von der hohen Kunst, richtig miteinander zu reden

Erfolgreich kommuniziert oft, wer seinem Gegenüber Aufmerksamkeit schenkt und versucht, dessen Bedürfnisse zu erkennen

GEOkompakt: *Herr Professor Schulz von Thun, Sie setzen sich seit Jahrzehnten damit auseinander, wie Kommunikation gelingen kann. Trauen sich Menschen überhaupt noch, mit Ihnen zu streiten?*

Prof. Dr. Friedemann Schulz von Thun: Oh ja! Meine Frau, meine Kinder, manche meiner Kollegen lassen mir nicht alles durchgehen. Gottlob, denn eine vitale Beziehung lebt auch von Auseinandersetzungen. Inzwischen habe ich in Maßen sogar etwas Freude daran. Früher waren mir Streit und Verstimmungen extrem unangenehm, ich war durch und durch ein „Friedemann".

So sind viele Menschen. Was soll daran falsch sein?

Harmonie gilt als äußerst erstrebenswert, richtig. Ob in Partnerschaften, Familien oder Arbeitsteams: Überall hoffen manche Menschen, es ginge auch ohne Streit. Aber wer immer nur auf Frieden aus ist, ignoriert, dass wir Menschen nun einmal sehr unterschiedlich sind, alle eigenwillig, individuell. Wäre es nicht so, entstünde nirgends etwas Neues, alles wäre gleichförmig. Denn es kann eine Freude sein, sich mit dem anderen auseinanderzusetzen. Das ist eine völlig andere Grundhaltung für einen Streit als die Sehnsucht, es möge nur Eintracht herrschen. Harmonie sollten wir eher auf einer höheren Stufe anstreben.

Was meinen Sie damit?

Damit meine ich eine Harmonie, die entsteht, wenn wir Unterschiede und strittige Auseinandersetzungen grundsätzlich bejahen. Wenn wir nur Eintracht suchen, bewegt sich nichts. Wenn wir nur Konfrontation suchen, zerstören wir. Unser Ziel aber sollte sein, eine Balance zu finden zwischen Akzeptanz und Konfrontation.

Ich nenne das „Harmonie höherer Ordnung". Denn dann wird zwar manchmal auf Augenhöhe gestritten, aber auf der Suche nach der Wahrheit, die zu zweit beginnt.

Prof. Dr. Friedemann Schulz von Thun, Jg. 1944, lehrte jahrzehntelang Psychologie in Hamburg. Dort leitet er heute das Schulz von Thun Institut für Kommunikation, das Vorträge, Seminare, Lehrgänge und Coachings anbietet (schulz-von-thun.de).

Weshalb ist es oft so schwierig, miteinander zu reden?

Wir mögen die gleiche Sprache sprechen und einander, oberflächlich betrachtet, verstehen. Da wir uns aber immer, mehr oder minder bewusst, auf vier Ebenen begegnen, lauern da unentwegt Missverständnisse. In ein und derselben Äußerung stecken nämlich immer vier Botschaften gleichzeitig:

- eine Sachaussage, also Information über das Faktische, was mitgeteilt oder behauptet wird,
- eine Beziehungsaussage, eine Wertung des anderen – was ich von ihm halte und wie ich zu ihm stehe,
- eine Selbstkundgabe, eine Offenbarung über sich selbst,
- und ein Appell, um beim Gegenüber etwas zu erreichen.

Ein Beispiel, bitte.

Ein Mann und eine Frau sitzen im Auto, der Mann auf dem Beifahrersitz, die Frau fährt. Er sagt: „Du, da vorn ist grün!" Auf der Sachebene teilt er eine Information mit, die sich überprüfen lässt. Gleichzeitig äußert er sich auf der Beziehungsebene, signalisiert womöglich Kritik am Fahrstil. Auch über sich selbst gibt er etwas preis: Eventuell ist er in Eile. Und vielleicht steckt in seiner Äußerung auch der Appell, etwas schneller zu fahren, um noch bei Grün über die Ampel zu kommen. Welche Botschaften er eigentlich gemeint hat, bleibt interpretationsfähig und damit anfällig für Missverständnisse.

Hinzu kommt: Der Hörende kann sozusagen mit „vier Ohren" die Botschaften aufnehmen, überhören oder etwas hineinlegen, was der Sender nicht gemeint hat. Und er entscheidet, welches Ohr er besonders auf Empfang stellen will, ob er auf die Sachbotschaft, auf die Beziehungsbotschaft, die Selbstkundgabe oder auf den Appell reagieren will.

Die Frau könnte sich also gedrängt fühlen, wenn sie den Satz als Appell begreift, oder gemaßregelt, wenn sie ihn als Beziehungsaussage versteht.

Ganz genau. Und wenn sie antwortet „Fährst du, oder fahre ich?!", dann hat sie

Je höher die **emotionale Betroffenheit,** desto mehr geht die KOMMUNIKATIVE KOMPETENZ in den Keller

offenbar mit dem Beziehungsohr gehört und protestiert gegen die Kritik an ihrem Fahrstil. Sie könnte auch auf den Appell „Fahr schneller!" reagieren, etwa indem sie Gas gibt. Oder antwortet: „Ach, lass nur, wir haben ja Zeit!" Die Sache ist also komplex, kein Wunder, wenn wir uns bisweilen zwischenmenschlich verheddern.

Aber wer die vier Ebenen erkannt hat und sie bewusst handhabt, dem wird es leichterfallen, Missverständnisse zu vermeiden oder aufzudecken.

Das ist ziemlich viel verlangt. Im Streit ist doch niemand derart analytisch.

Stimmt, je stärker Gefühle aufwallen, umso schwerer fällt dies. Denn dann gilt das Gesetz der vertikalen Gegenläufigkeit: Je höher die emotionale Betroffenheit, desto mehr geht die kommunikative Kompetenz in den Keller. Das ist tragisch, aber menschlich. Es sei denn, das Wissen um die vier Ebenen ist schon verinnerlicht: Dann stehen die Chancen besser, dass es zu einer guten Klärung kommt.

Ist es nicht ein Wunschtraum von Psychologen, Menschen würden im Alltag ausführlich darüber reden, wie sie miteinander reden?

Eine solche Metakommunikation kann ein Missverständnis durchaus direkt oder im Nachhinein klären. Aber nicht durch eine psychologisierende Analyse, sondern durch eine Selbstoffenbarung. Meine Lehrerin Ruth Cohn hat immer gesagt: „Wenn es schwierig wird in der Kommunikation, dann sag, was mit dir ist!" Dafür brauchen wir allerdings ein Gespür dafür, was in uns vorgeht, und den Mut, das dem Gegenüber auch zu offenbaren.

Aber gerade im Streit verstummen viele Menschen, ziehen sich zurück.

Ja, besonders wenn sie sich angegriffen fühlen und zugleich in ihrem Selbstwertgefühl bedroht. Die Kränkung schmerzt und lähmt, und ein beleidigter Mensch ist nicht mehr konfliktfähig. Aber auch ein Rückzug oder eisiges Schweigen ist Kommunikation, und es ist möglich, auf die darin steckende Selbstoffenbarung oder auf den darin steckenden Appell zu reagieren, sofort oder, manchmal besser, später.

Es heißt, Männer würden sich eher als Frauen im Streit zurückziehen und verstummen. Stimmt das?

Ja, im Durchschnitt sind wir Männer wohl etwas weniger begabt als Frauen, auf der zwischenmenschlichen Ebene zu reagieren. Für viele Männer ist die Beziehungsebene ein vermintes Gelände. Jedes falsche Wort kann vermeintlich eine Katastrophe auslösen, da sagt man besser gar nichts. Aber es gibt auch Frauen, die mauern und dichtmachen, und umgekehrt – zunehmend – Männer, die selbstoffenbarend und einfühlsam Konflikte austragen. Und ganz gleich, wer nun verstummt: Wenn eine Seite in Schweigen verfällt, geraten Streitende oft in einen Teufelskreis.

Wie lässt sich der beschreiben?

Je mehr sich der eine zurückhält, desto zudringlicher wird der andere, redet, fordert. Je mehr er das aber tut, desto einsilbiger wird der Erste, fühlt sich bedrängt.

Das ist ein Prozess, der sich immerzu selbst befeuert. Stellen wir uns ein Ehepaar vor. Sie schimpft einmal, er geht daraufhin zu seiner Eisenbahnanlage in den Keller. Daraufhin schimpft sie mehr, er geht häufiger in den Keller. Schließlich ist sie übellaunig, weil er immer unten ist, er ist immer unten, weil sie übellaunig ist. Beide setzen im gleichen Kreislauf eine unterschiedliche „Interpunktion", wie Kommunikationspsychologen sagen: Beide begreifen sich als bloß reagierendes Opfer. Aus dieser Haltung heraus können sie fortwährend Vorwürfe formulieren.

Kinder lernen automatisch von ihren Eltern, wie deren Kommunikation funktioniert. Und damit auch, wie sie mit Zwistigkeiten umgehen

Wie kommt man aus einem solchen Teufelskreis heraus?

Betroffene sollten einmal bewusst ganz anders reagieren als gewohnt. Er könnte, statt sich abzuwenden, einmal eine kleine Rede aus dem Herzen halten und sich offenbaren, wie ihm in der Beziehung zumute ist. Sie könnte einmal, statt zu schimpfen und anzuklagen, ihrem Mann ganz bewusst mit Empathie begegnen, versuchen, sich einzufühlen in seine Bedrängnis und in sein Gefühl, der Angeklagte zu sein. Vielen gelingt das aus eigener Kraft allerdings nicht. Sie sind in ihrem Teufelskreis gefangen. In dem Fall kann es ein Segen sein, das eingefahrene Muster mit Hilfe eines Mediators oder eines Paarberaters zu durchbrechen.

Manche Irritation entsteht, weil die Gesprächspartner einander schlicht nicht verstehen – weil es schon auf der Sachebene zum Missverständnis kommt.

Das geschieht sogar sehr häufig. Besonders bei komplizierten Sachverhalten. Deshalb ist es so wichtig, sich dem anderen verständlich zu machen. Dafür ist erforderlich, was ich „kognitive Empathie" nenne; zu erahnen, was im Kopf des anderen vor sich geht, wenn ich ihm etwas erkläre – von welchen Voraussetzungen er ausgeht und welche Fragen bei ihm aufkommen.

Man sollte auch nicht zögern, direkt danach zu fragen, etwa: Was möchtest du noch wissen? Ergibt das Sinn für dich? Beantwortet das deine Frage?

Sollte man in einem Konflikt denn immer ohne Umschweife sprechen?

Auf der Sachebene sollte jeder konkret und präzise reden. Aber wer auf einer der anderen Ebenen etwas mitteilen will, eine Beziehungsaussage treffen, einen Appell formulieren oder etwas über das eigene Erleben offenbaren, der muss den Mittelweg finden zwischen Ehrlichkeit und Taktgefühl. Es kann eine hohe Kunst sein, einem anderen seinen Unmut zu zeigen, ohne ihn zu verstören oder zu kränken.

Gerade im Streit gilt es doch, authentisch zu sein: also zu sagen, was ist.

In den letzten Jahrzehnten hat die Authentizität eine enorme Karriere erlebt. Vor allem Ratgeber-Autoren sprechen oft von „herzensnaher, authentischer Sprache". Das hat tatsächlich etwas Gutes: Es ermutigt Menschen, für sich selbst einzustehen, äußeres Gebaren und inneres Erleben in Einklang zu bringen.

Wer sich allerdings bemüht, immerzu authentisch zu sein, der gerät in Gefahr, andere Werte gelingender Kommunikation zu vernachlässigen, zum Beispiel Diplomatie, Takt, rollengerechte Distanz. Damit Kommunikation gelingt, muss sie vor allem eines sein: stimmig.

Was bedeutet das genau?

Stimmig zu kommunizieren heißt einerseits: in Übereinstimmung mit sich selbst zu sein, mit den eigenen Gedanken und Gefühlen, also authentisch. Aber andererseits auch: in Übereinstimmung mit dem zu sein, was der Situation und meiner Rolle darin angemessen ist. Das kann etwa je nach Gegenüber, Rolle oder Zeitpunkt sehr unterschiedlich sein.

> Man kann fast jeden Streit **eskalieren lassen,** wenn man dem ANDEREN BESTIMMTE MOTIVE unterstellt

Haben Sie dafür ein Beispiel?

Stellen Sie sich vor, der Chef kommt zu einer Mitarbeiterin ins Büro und sagt: „Ich habe Sie kommende Woche zu einem Fortbildungskurs angemeldet." Sie ist innerlich empört, und eine authentische Reaktion dem Chef gegenüber könnte sein: „Geht's noch? Sie können doch nicht einfach über meine Zeit und mein Leben verfügen!"

Eine stimmige Antwort aber zieht in Betracht, dass es sich hier um verschiedene Rollen handelt, um Chef und Mitarbeiterin: „Danke, dass Sie sich um meine Weiterbildung bemühen, das freut mich und weiß ich zu schätzen. Ich werde schauen, ob ich es einrichten kann. Ich hätte nur die Bitte, dass wir solche Terminsetzungen vorher gemeinsam abstimmen. Wäre das künftig möglich und auch in Ihrem Sinne?"

Zu einem klugen Umgang mit Konflikten gehört es auch, sogenannte Ich-Botschaften zu senden, heißt es.

In manchen Situationen ist es sowohl ehrlicher als auch weniger eskalationsträchtig, statt einer anklagenden Du-Botschaft („Nie hast du Zeit für mich!") in Ich-Form zu sprechen („Ich würde mich freuen, wenn du einmal wieder Zeit für mich hättest!"). Ich-Botschaften können Empathie beim anderen wecken sowie Klarheit für Bedürfnisse und Gefühle schaffen. Leider haben das viele als derart eherne Regel verinnerlicht, dass sie aus den Augen verlieren, stimmig zu kommunizieren.

Es hilft gar nicht, immer vor jedem Satz etwas zu sagen wie: „Ich spüre, dass …". Das birgt die Gefahr, Ich-Botschaften mechanisch einzusetzen und so Gefühle zu verschleiern. Manchmal platzt Ärger eben als Du-Botschaft heraus: „Du Mistkerl!" In manchen Momenten einer nahen Begegnung kann das zu einem ehrlichen Kontakt führen, und es wäre falsch, das generell zu verdammen. Außerdem kommt es weitaus weniger auf die genaue Wahl der Worte an, als viele Menschen denken.

Worauf denn dann?

Auf die Haltung, mit der ich kommuniziere. Solange ich den anderen spüren lasse, dass ich ihn grundsätzlich respektiere, muss ich nicht jedes Wort auf die Goldwaage legen. Respekt zeige ich etwa, indem ich dem anderen Raum gebe, sich zu äußern. Ich sage oft am Ende meiner Ausführung „… oder wie siehst du das?" und höre dann aktiv zu.

Zuhören heißt: schweigen, während der andere redet – und es auf sich wirken

Empathie, also das Vermögen, intuitiv die Wünsche anderer zu spüren, ist einer der Schlüssel für gelungene Kommunikation

lassen. Aktives Zuhören geht darüber hinaus und signalisiert dem anderen durch knappe Worte oder Blicke, dass man ihm folgen kann. Zudem gibt man Resonanz, indem man das Gehörte hin und wieder mit eigenen Worten auf den Punkt bringt, sodass der andere sich verstanden fühlen kann. Auf diese Weise gelingt es dem Zuhörer, den anderen so zu unterstützen, dass er sich am Ende selbst besser versteht.

Manchmal will man aber auch selbst etwas sagen. Wie unterbricht man sein Gegenüber, ohne respektlos zu wirken?

Wenn mein Gegenüber zu Monologen neigt, muss ich ihn unterbrechen, sobald ich nicht mehr aufmerksam zuhören kann.

Dieses Unterbrechen ist manchmal gar nicht so leicht, denn es gilt als unhöflich, den anderen nicht ausreden zu lassen.

Es ist ein kritischer Moment. Und es kann helfen, für solche Situationen ein paar Sätze parat zu haben, zum Beispiel: „Ja genau, dazu möchte ich auch etwas sagen!" Auch ein einfaches „Moment!" kann den Redefluss des anderen zunächst unterbrechen.

Gibt es Formulierungen, die generell helfen, zu deeskalieren?

Es kann hilfreich sein, die Situation offen zu benennen: „Okay, was diesen Punkt angeht, liegen wir weit auseinander. Das wird jetzt nicht einfach für uns beide." Allein durch die Benennung der Situation beruhigen sich die Emotionen. Dann kann ein Vorschlag folgen: „Erklär mir doch bitte mal deine Sichtweise, ich höre jetzt nur zu."

Umgekehrt können Sie fast jeden Streit eskalieren lassen, wenn Sie dem anderen bestimmte Motive unterstellen: „Das machst du nur, weil ...". Entweder haben Sie recht: Dann fühlt sich der andere indiskret entlarvt. Oder Sie haben unrecht: Dann fühlt er sich nicht verstanden.

Meiden Sie auch die Formulierung „Sie sollten ..." oder „Du solltest ...". Damit signalisiert man zugleich: „Ich bin befugt und fähig, dir zu sagen, wie du sein sollst und wie du dich verhalten solltest." Das weckt bei den meisten Menschen Abwehr. Entweder reagieren sie dann aggressiv – oder sie ziehen sich zurück.

Wie kann es gelingen, weniger konfliktscheu zu sein?

Dafür muss man die Fähigkeit schulen, für seine eigenen Bedürfnisse und Werte einzustehen. Das lässt sich mit einfachen Übungen trainieren: Schreiben Sie zum Beispiel einen Brief an eine Person, der gegenüber Sie immer kleinlaut sind – aber schicken Sie den Brief nicht unbedingt ab. Oder, noch intensiver: Stellen Sie sich vor, die Person säße Ihnen gegenüber, und werfen Sie ihr alles an den Kopf, was Sie umtreibt.

Das mag sich anfangs albern anfühlen. Aber der Sinn ist, für die eigenen Bedürfnisse eine eigene Sprache zu finden. So entdecken Sie ein paar der Worte, die vielleicht auch in einer leibhaftigen Begegnung einmal ausgesprochen werden sollten.

Können wir heute besser streiten als frühere Generationen?

Ja, zumindest im Durchschnitt. In den älteren Generationen waren oft zwei Konfliktstile besonders verbreitet. Entweder: Einer hat das Sagen, und die anderen kuschen. Oder: Pseudo-Harmonie, also Konfliktvermeidung um des lieben Friedens willen. Heute hat es sich schon ein wenig herumgesprochen, dass selbstbewusste Individuen aneinandergeraten können und sollen und dass die Wahrheit zu zweit beginnt.

Wie ist es dazu gekommen?

Das autoritäre Verhältnis, von oben nach unten, ist in den Elternhäusern, Schulen und Betrieben in Verruf geraten, das Ziel heißt jetzt Partnerschaft auf Augenhöhe. Zugleich sind wir weitaus sensibler für zwischenmenschliche Kommunikation geworden. Es gibt Ratgeber, Schulungen, Forschung, Coaching. Meine Kinder mussten mein Buch „Miteinander reden" in der 11. Klasse im Fach Deutsch lesen. Insgesamt sind Menschen heute eher bereit, an sich zu arbeiten – und das gilt auch und nicht zuletzt für die Art, wie wir miteinander umgehen.

Was ist das Wichtigste, damit Streit nicht zerstörerisch wird?

Die Frage ist sehr berechtigt, denn Konflikte können „an die Nieren" gehen, und dann besteht die Gefahr, dass wir primitiv werden. Das Wichtigste ist wahrscheinlich, dass es uns nach einiger Übung gelingt, die mutige Selbstbehauptung mit Empathie zu verbinden – für das, was der andere auf dem Herzen hat.

Es erscheint beinahe paradox: In vielen von uns ist der Wunsch nach Eintracht tief verankert, nach einem Leben ohne Hader und Zänkereien. Die meisten Menschen sind von Natur aus nicht besonders streitlustig. Sozialpsychologen erkennen beim *Homo sapiens* gar eine Neigung zur „Konformität“: Menschen möchten mit anderen verbunden und dadurch geborgen sein. Um diesem Bedürfnis zu folgen, passen sie sich an, versuchen, Dissens zu umgehen.

Und doch: Wo immer Menschen zusammentreffen, gibt es von Zeit zu Zeit Gezänk. Meistens geht es um Kleinigkeiten wie Ordnung oder Hausarbeit. Manchmal aber entwickeln sich Zwiste um Nichtigkeiten zu Duellen ums Große und Ganze. Dann entzweit man sich über Werte und Ziele.

Feindschaft und Versöhnung sind essenzielle **Strategien** in der Natur

Nicht selten eskaliert ein solcher Schlagabtausch. Geht es mit einem Mal weniger um das Gewicht von Argumenten als darum, Macht, Überlegenheit, Stolz zu demonstrieren. Zuweilen steigern sich zwei Kontrahenten gar in eine verletzende Dauerfehde hinein. In Hass und Feindschaft – willens, einander maximal zu demütigen.

Mehr noch: Manche Menschen scheinen von Grund auf von Kampfeslust erfüllt zu sein. Verhalten sich anderen gegenüber immer wieder aggressiv, cholerisch, provozierend, von Zorn gepackt. Lassen Auseinandersetzungen regelmäßig entgleisen. Scheuen auch vor körperlicher Gewalt nicht zurück.

Beide Seiten scheinen dem Menschen innezuwohnen, das friedliebende Moment wie das feindselige, sein Hang zur Harmonie wie seine Fähigkeit, grausam zu sein. Wer verstehen will, wo diese scheinbare Widersprüchlichkeit herrührt, warum Großmut und Gewalt gleichermaßen in unserem genetischen Erbe verankert sind, muss überraschend weit zurückblicken in die Stammesgeschichte des *Homo sapiens*. Und sogar das Verhalten jener Geschöpfe studieren, mit denen wir eine evolutionäre Vergangenheit teilen: der Tiere.

DENN DAS HELLE und das Dunkle im Menschen haben ihre Wurzeln in einem Jahrmillionen währenden Ausleseprozess, in dem Feindschaft und Versöhnung jeweils entscheidende Strategien waren (und noch immer sind), sich Vorteile im

BIS HIER UND NICHT WEITER

Diese Löwin wehrt sich gegen die Avancen eines Buhlers – meist sind Weibchen jedoch weniger aggressiv

UNKLARE VERHÄLTNISSE

Zwei Zebrahengste messen ihre Kräfte: Kämpfe um die Rangordnung zählen zu den häufigsten Konflikten im Tierreich

GRENZWAHRUNG

Auch bei geselligen Arten, hier Eichelhäher, geraten Individuen in Streit, wenn sie etwa in der Brutzeit ihr Revier verteidigen

HUNGRIGE RIVALEN

Wo Nahrung knapp ist, setzen sich – wie bei diesen Basstölpeln – die aggressiveren Individuen am ehesten durch

SOZIALE ÜBERLEGENHEIT

Je vielfältiger das Zusammenleben, desto eher gilt es, sich in einer Gruppe zu behaupten – lernen bereits Junggorillas

Kampf ums Überleben zu sichern. Je komplexer die Körper der Tiere im Laufe der Zeit wurden, je vielfältiger ihr Verhalten war und ihr Zusammenleben, desto nützlicher konnte etwa der Einsatz von Gewalt für ein Individuum sein. Sie diente unter anderem dazu,

- Ressourcen – etwa Nahrung oder Reviere – zu gewinnen und gegen Konkurrenten zu verteidigen;
- in einer hierarchisch organisierten Gruppe eine höhere Position zu erkämpfen und Rivalen einzuschüchtern;
- und sie half, sich im Wettbewerb um sexuelle Partner durchzusetzen.

Dieser Kampf gegen Konkurrenten erklärt auch, weshalb männliche Tiere deutlich aggressiver sind als weibliche.

Denn in der Regel kümmern sich die Weibchen mehr um den Nachwuchs als die Männchen. Bei den Säugetieren, zu denen ja auch der Mensch zählt, „investieren" die weiblichen Individuen sogar enorm viel in die Kinder: Sie ernähren die Embryonen in ihrem Bauch und lassen sie so lange heranwachsen, bis sie weit genug gereift sind, um geboren zu werden. Anschließend versorgen sie die Babys noch lange: mit Milch und anhaltender mütterlicher Fürsorge.

Umgekehrt investieren die Männchen bis auf eine winzige Samenspende kaum etwas. Aus biologischer Sicht werden die Weibchen damit zu einer begehrten Ressource, um die das andere Geschlecht konkurriert. Denn ein Männchen hat die Chance, mehrere Weibchen zu begatten und so seine Gene in der nächsten Generation zu vervielfachen. Die Weibchen aber sind es, die aus dem Angebot der Männchen das für sie attraktivste auswählen.

Körperliche Kraft und Aggression gegenüber einem Rivalen entscheiden also häufig darüber, wie viel Nachwuchs ein Männchen zeugt – und ob überhaupt.

Deshalb sind bei den Säugetieren die Männchen häufig größer, stärker und aggressiver als die Weibchen. Das kann in einer Haremsbildung gipfeln, wie sie etwa bei Rothirschen, See-Elefanten und Gorillas vorkommt. Bei ihnen zeugt das stärkste Männchen die meisten Nachkommen einer ganzen Gruppe von Weibchen. Seine Gene vervielfältigen sich stärker, die der unterlegenen männlichen Konkurrenten dagegen weniger – so lange zumindest, bis es einem von ihnen gelingt, den Platzhirsch oder Haremsherrscher zu stürzen.

Die Aggression dient im Tierreich also in der Regel vor allem dazu, Geschlechtspartner zu gewinnen, Reviere zu verteidigen oder Nahrung zu erhalten. Konkurrenzkämpfe können dabei durchaus tödlich enden.

DOCH DIE AGGRESSIVITÄT des *Homo sapiens* geht nicht nur auf den Kampf unserer tierischen Vorfahren um Ressourcen, Reviere und Sexpartner zurück. Paradoxerweise neigen wir auch deshalb zu destruktivem Verhalten, weil wir – wie alle sozial lebenden Tiere – gelernt haben, zu kooperieren, zu teilen, die Bedürfnisse anderer vermehrt zu respektieren.

Denn wer zum Überleben aufeinander angewiesen ist, tendiert dazu, sich gegen die Außenwelt abzugrenzen und andere Verbände als Gegner zu begreifen. Bei Wesen, die in Gemeinschaften leben (das gilt für viele Primaten, Wölfe, Delfine und staatenbildende Insekten), sind gewalttätige Auseinandersetzungen daher nicht ausschließlich Zweikämpfe wie bei Hirschen oder Hähnen. Häufig gehen sie von der gesamten Gruppe aus – und stellen somit eine ganz andere Qualität aggressiven Verhaltens dar.

Schon in den 1970er Jahren hat die Affenforscherin Jane Goodall bei ihren

Manche Tiere führen regelrecht **Krieg** gegeneinander

RECHT DES STÄRKEREN

Zwei See-Elefanten auf Kollisionskurs: Oft entscheidet im Tierreich die schiere physische Kraft, wer im Konfliktfall siegt

BEWEHRTE MÄULER

Revierkämpfe unter Flusspferden enden zuweilen gar tödlich – ihre Eckzähne dienen allein der Abschreckung und der Attacke

Studien in Tansania festgestellt, dass Schimpansen kollektive Attacken gegeneinander führen, zuweilen bis zur Vertreibung der gegnerischen Gruppe.

Kooperation und Solidarität sorgen daher nicht nur für ein friedfertiges Zusammenleben – sondern auch für Fremdenfeindlichkeit, Gemetzel und Krieg.

Obendrein bringt das soziale Miteinander eine weitere Spielart der Aggression hervor: Wer sich nicht an die Regeln der Gruppe hält, muss bestraft werden, denn sonst würden Trittbrettfahrer die Gemeinschaft ausnutzen und ihren Zusammenhalt untergraben.

Grausame Racheakte, „Ehrenmorde" oder die Hinrichtung echter oder vermeintlicher Verräter sind folglich Exzesse, die dem Bedürfnis entspringen, Egoisten zu bestrafen. Ohne Sanktionen würde der Wille zur Zusammenarbeit schwinden, eine Gemeinschaft vermutlich rasch auseinanderfallen.

Bei näherer Betrachtung zeigt sich also, dass Niedertracht und Gewalt, Rachegelüste und Krieg – so düster diese unterschiedlichen Facetten der Aggression erscheinen mögen – einen archaischen Ursprung haben, mithin einer evolutionären Logik entspringen. Nur weil Aggression in der Natur so oft eine lohnende Strategie ist, prägt sie bis heute das Verhalten vieler hochentwickelter Spezies und nicht zuletzt das des Menschen.

GLEICHGÜLTIG ABER, aus welchen Gründen ein Mensch Gewalt anwendet: Nach einer Eskalation ist er meist auch fähig, den Konflikt beizulegen. Diese Kunst, Frieden zu schließen, ist ebenfalls ein Erbe aus der Vergangenheit, und auch sie lässt sich schon bei Affen beobachten.

Vor allem bei Kämpfen innerhalb einer Gruppe, etwa um Status und Macht, ist es lebensnotwendig, dass die Kontrahenten sich wieder versöhnen, wenn der Streit ausgetragen ist. Denn das Zusammenleben in einer Gruppe verschafft nur dann einen Vorteil, wenn in der Regel Frieden herrscht und keine Spannungen die Harmonie stören. Das bedeutet: Jeder Aggressor trägt die Fähigkeit zur Versöhnung und Vergebung in sich.

Auch hier gibt es Unterschiede zwischen den Geschlechtern: Weibliche Schimpansen etwa sind stärker als die Männchen darum bemüht, Konflikte zu vermeiden, doch wenn ein Streit erst einmal zu einem Kampf eskaliert ist, tun sie sich anschließend besonders schwer, sich wieder zu versöhnen. Für Männchen dagegen sind Zyklen von Streit und Aussöhnung normal.

Das ist auch bei Menschen so, vermutet der amerikanische Primatenforscher Frans de Waal. Männer könnten nach einem Streit am Tage abends ein Bier trinken gehen und die Auseinandersetzung schnell vergessen. Frauen neigten dazu, Konflikten eher aus dem Weg zu gehen und Frieden zu stiften, doch wenn sie sich einmal verkrachten, dann halte der Groll mitunter sehr lange an.

Eine ganz eigene Art, mit Aggressionen umzugehen und Konflikte zu schlichten, zeigen Bonobos, eine mit

Schimpansen eng verwandte Spezies. Bei diesen Affen sind die Weibchen das dominierende Geschlecht, und sie lösen Spannungen in der Regel nicht durch Gewalt, sondern: durch sexuelle Kontakte.

Kommt es dennoch zu Handgreiflichkeiten, gehen meist mehrere Weibchen gemeinsam auf ein Männchen los. Offenbar haben sie gelernt, sich durch Kooperation gegen die physisch stärkeren männlichen Tiere durchzusetzen. Und treffen zwei fremde Bonobo-Gruppen aufeinander, kommt es anders als bei Schimpansen kaum je zu Mord und Totschlag, sondern sehr häufig zu Sex.

Der Mensch ist mit Bonobos und Schimpansen gleichermaßen verwandt. Und ihm wohnt offenbar vom Verhalten beider Menschenaffen etwas inne – sowohl von den grausamen Gewaltausbrüchen der Schimpansen wie von der Fähigkeit der Bonobos, weitgehend friedliche Beziehungen zu pflegen.

Welchen Anteil der Mensch allerdings einst von einem seiner äffischen Ahnen übernommen hat – oder ob sich manche Verhaltensneigung nicht vielleicht unabhängig davon erst später bei der Gattung Homo entwickelt hat –, lässt sich nach heutigem Stand der Wissenschaft nicht sagen. Denn der gemeinsame Vorfahr von Mensch, Schimpanse und Bonobo ist bislang noch nicht gefunden worden.

EINIGE EIGENSCHAFTEN gehen bei uns allerdings weit über die von Bonobo und Schimpanse hinaus und sind im Verlauf der menschlichen Evolution vermutlich verstärkt worden: Denn nur Menschen tauschen Waren und Dienstleistungen zwischen verschiedenen Gruppen aus, nur sie feiern gemeinsam zeremonielle Feste, nur sie lassen Artgenossen einer fremden Gemeinschaft durch ihr Gebiet reisen.

Für Menschen ist es deshalb eigentlich deutlich sinnvoller, im Frieden miteinander zu leben, als sich zu bekämpfen – denn von guten Handelsbeziehungen profitieren alle. Und tatsächlich scheint es in den Jäger-und-Sammler-Gesellschaften der Steinzeit lange Perioden des friedlichen Nebeneinanders von Gruppen gegeben zu haben, während die Phasen der Gewalttätigkeit nur kurz währten.

Wenn es allerdings zwischen Gruppen des *Homo sapiens* zu Gewaltkonflikten kam, war das Ergebnis oft verheerend (und ist es auch heute noch).

Der Mensch trägt also beide Eigenschaften in sich: die Neigung zur Gewalt – und noch viel mehr die Fähigkeit, Frieden zu schließen und zu kooperieren.

Das gilt auch im Kleinen: Es kommt unser biologisches Erbe zum Vorschein, wenn wir eine Meinungsverschiedenheit scheinbar kopflos zu einem handfesten Zwist eskalieren lassen. Und es zeigt sich, wenn wir uns mit unserem ärgsten Kontrahenten versöhnen.

Welche Option wir wählen, ist nicht vorgegeben, sondern hängt von vielen Faktoren ab, der jeweiligen Situation und unserer individuellen Sozialisation. Allem voran davon, wie gut wir gelernt haben, unseren Ärger unter Kontrolle zu behalten oder auf eine konstruktive Weise zu artikulieren. Wie sehr wir Konflikte respektvoll und fair zu führen vermögen. Es gibt Techniken, die helfen, eine aggressive Auseinandersetzung zu entschärfen, und Strategien, um Missverständnisse aus dem Weg zu räumen (siehe Seite 52).

Doch wäre es sinnvoll, dem Menschen jede Form von Konflikt- und Gewaltbereitschaft komplett abzutrainieren?

Frans de Waal glaubt das nicht. Er sagt, ein Quäntchen Aggression habe auch seine Vorzüge. Ohne sie wäre die Welt ärmer: Zwar wären wir alle sanft wie die Lämmer, doch Sportlerteams wäre es gleichgültig, ob sie gewinnen oder verlieren, es gäbe keine Unternehmer, und Popstars würden nur langweilige Lieder singen – und keinen Gangsta-Rap •

Jeder Aggressor trägt die Fähigkeit zur **Versöhnung** in sich

NICHT UM JEDEN PREIS

Geraten Eisbären aneinander, erheben sie sich in die Höhe. Zugleich haben sie gelernt, Rivalen auch zu tolerieren

Von den Vorzügen, gut und fair zu streiten

Für ihr Projekt »The Flowers Family« porträtierte die argentinische Fotografin Cecilia Reynoso Angehörige ihrer italienisch- und spanischstämmigen Familie, deren temperamentvolles Miteinander für ständige Reibung sorgt – im Guten wie im Schlechten

Text: **Katharina von Ruschkowski**

Fotos: **Cecilia Reynoso**

Wie gelingt es, Konflikte besonnen und konstruktiv zu führen? Welche Regeln verhindern, dass eine Auseinandersetzung eskaliert? Und wann kommen Kompromisse am ehesten in Sicht? Psychologen haben untersucht, was nötig ist, damit Dispute eine Beziehung nicht zermürben, sondern stärken

S

So unangenehm und bisweilen zermürbend sie auch sein mögen: Auseinandersetzungen sind unausweichlich. Sie fordern Eheleute heraus, Freunde, Kollegen am Arbeitsplatz. Auslöser dieser Konfrontationen sind meist unterschiedliche Interessen der Beteiligten oder ein jeweils anderer Blick auf die Welt.

„Menschen sind nun einmal nicht identisch, sie können nicht immer das Gleiche wollen, und deshalb treten in jeder Beziehung früher oder später Konflikte auf", sagt etwa Rainer Sachse, einer der führenden Streitforscher Deutschlands. Für den Bochumer Psychologen sind heftige Auseinandersetzungen deshalb kein Zeichen einer schlechten Beziehung.

Ganz im Gegenteil: Konflikte seien überhaupt erst ein Indiz für ein funktionierendes Miteinander. Und sie könnten das Verhältnis zwischen den Streitenden sogar verbessern – wenn sie besonnen, fair und nach bestimmten Regeln ausgetragen werden.

Psychologen haben erkundet, weshalb Menschen überhaupt streiten; wie ein Disput – einmal entflammt – in der Regel abläuft; wann Kontrahenten sich besonders kämpferisch geben und wann sie zu Kompromissen bereit sind.

Und sie haben daraus vielfältige Empfehlungen abgeleitet, wie wir uns in Streitfällen am besten verhalten: damit Konflikte das Zusammenleben eben nicht vergiften, sondern kurieren und im besten Falle sogar stärken.

Denn häufig ist das Gegenteil der Fall, münden Meinungsverschiedenheiten in handfesten Zoff. Die Kontrahenten steigern sich dann in eine Spirale von Vorwürfen und Rechtfertigungen, verletzen und beleidigen einander – und ihr Verhältnis leidet dauerhaft.

Ob Streit zwischen Geschwistern, Krisengespräche in einer Partnerschaft oder Grundsatzdebatten zwischen Politikern: Viele Konflikte nehmen einen solchen Verlauf. Sie zeigen eine Dynamik, die auf erschreckende Weise vorhersehbar und scheinbar unaufhaltsam ist.

Im Nu scheint es in so einer Kontroverse neue Regeln zu geben: Was eben noch verpönt war, ist plötzlich erlaubt. Auf diese Weise rutschen die Beteiligten immer tiefer in den Konflikt hinein.

Einmal entflammt, eskaliert Streit nach dem stets gleichen Muster, das

Wenn ein Zwist sich aufschaukelt und *zwei Menschen zermürbt*, **liegt dies an schlechter Streitkultur – nicht an sachlichen Differenzen**

Wenn es drunter und drüber geht, tut Streitenden mitunter eine Pause gut. Haben sich die Gemüter abgekühlt, fällt es leichter, eine Lösung zu finden

der Konfliktforscher und Streitschlichter Friedrich Glasl als Erster beschrieben hat. Der Österreicher hat mehr als 300 Konflikte miteinander verglichen und ihre Gemeinsamkeiten erkannt.

Ein Streit hat demnach drei Phasen der Eskalation.

Phase 1: Alles beginnt mit einem Problem, über das man diskutiert und streitet. Doch bei der Suche nach einer Lösung verhärten sich allmählich die Standpunkte. Eigentlich wäre jetzt noch ein für beide Seiten akzeptables Übereinkommen möglich. Denn noch geht es um die ursprüngliche Angelegenheit. Doch letztlich verfestigt sich bei einem oder beiden Disputanten die Ansicht, mit Worten nichts mehr erreichen zu können.

Phase 2: Es wird persönlich zwischen den Disputanten, es geht nicht mehr nur um die Sache. Weitere Personen werden in den Konflikt hineingezogen. Die Kontrahenten kritisieren den jeweils anderen hinter seinem Rücken, beklagen sich bei Freunden oder Kollegen etwa über seinen Charakter, suchen nach Wegen, ihn zu demütigen, und sprechen Drohungen aus wie „Wenn du nicht nachgibst, dann …“.

Phase 3: Die Streitenden haben jede Empathie füreinander verloren, es kommt zu mutwilligen Schädigungen. Nach und nach verlieren die Kontrahenten ihre eigenen Bedürfnisse aus dem Blick, ein Gewinn ist nur noch der Verlust des anderen. Bis eines allein noch zählt: dem anderen nachhaltig zu schaden – auch wenn man sich und seinen Ruf dabei selbst ruiniert und ebenfalls untergeht.

Friedrich Glasl hat in seiner Funktion als Streitschlichter viele Konflikte eskalieren sehen: Streitigkeiten zwischen Ehepartnern, Vorstandskollegen großer Unternehmen, Nachbarn. Fast nie, sagt er, seien handfeste Sachgründe ausschlag-

Langjährige Partner tendieren oft dazu, Konflikte zu übersehen, statt sie anzusprechen. Ebenso wichtig wie das klare Formulieren des eigenen Standpunkts ist die Bereitschaft, dem anderen aufmerksam zuzuhören

Erziehung

Konflikte mit Kindern

Wenn Eltern mit ihrem Nachwuchs ringen, sollten sie ein paar Besonderheiten beachten

Ob bei den Hausaufgaben, beim Aufräumen oder Zähneputzen: Oft liegen die Meinungen von Eltern und Kindern bei der Diskussion dieser Themen weit auseinander. Zorn flammt dann auf. Streiten ist daher ein Teil der Erziehung. Ein zweifelsfreies Richtig oder Falsch gibt es dabei ebenso wenig wie Patentrezepte, die sich für jedes Kind, jede Familie eignen.

Doch eines ist gewiss: Eine Auseinandersetzung der Eltern mit ihren Kindern läuft nicht nach den gleichen Regeln ab wie unter Erwachsenen.

Denn der Erziehende muss zwei Rollen vereinen, sagt der Kommunikationspsychologe Friedemann Schulz von Thun. Er muss Akzeptanz beweisen, also zulassen, dass der heranwachsende Mensch sich nach eigenen Gesetzen, in einem eigenen Tempo entfaltet. Und zugleich Autorität zeigen: das Kind anleiten, manches gutheißen, anderes verbieten. Wer mit Kindern oder Jugendlichen streitet, bewegt sich also immer in einem Spannungsfeld.

Daher sollten Eltern, so raten Psychologen und Pädagogen, stets vier Grundregeln beherzigen:

• **Kinder brauchen Grenzen.** Konflikte entspinnen sich bereits mit Krabbelkindern. Dann ist naturgemäß meist keine Diskussion möglich. Doch ein bestimmtes „Nein" der Eltern verstehen bereits die Kleinsten. Und so eine klare Grenze ist wichtig für deren Entwicklung, denn auf diese Weise können sie lernen, Bedürfnisse der anderen zu erkennen.

• **Drohungen vermeiden, Folgen aufzeigen.** Wenn Kinder oder Jugendliche eine Regel nicht akzeptieren wollen, halten sie oft mit lautstarkem Protest dagegen. Der Versuch, sie mit Strafdrohungen zu kooperativem Verhalten zu bewegen, ist da in der Regel keine geeignete Lösung – denn häufig wird der kindliche Widerstand dadurch nur verstärkt. Stattdessen ist es besser, die Kinder die Folgen ihres Handelns spüren zu lassen (sofern es sich dabei um vertretbare Folgen handelt). Wer bei Minusgraden trotz aller Warnungen die dünne Sommerjacke anzieht, wird außer Haus schnell bedauern, nicht die Aufforderung zum Tragen einer warmen Jacke befolgt zu haben. Und wer elektronische Medien länger genutzt hat als abgesprochen, wird sich am nächsten Tag ärgern, wenn der Medienkonsum dann gestrichen ist.

• **Verhalten tadeln, nicht die Persönlichkeit.** Beim Schimpfen sollten sich Eltern darauf beschränken, das Verhalten des Kindes zu tadeln, nicht dessen Charakter. Wörter wie „Nervensäge" oder „Dummkopf" schädigen das Selbstbild des Kindes, bewirken aber nicht, dass es sein Fehlverhalten beendet.

• **Zuhören und verstehen wollen.** In Diskussionen wünschen sich Kinder, so wie Erwachsene, Respekt und Verständnis für ihre Situation. Werden sie als Gesprächspartner ernst genommen und ihre Vorschläge angehört, trägt das zu einer erfolgreichen Konfliktlösung bei.

Die Empörung der Kleinen richtet sich oft gegen Grenzen und Regeln. Doch ohne die geht es nicht

Damit Streitereien eine Familie nicht dauerhaft belasten, raten Experten aber vor allem: Eltern sollten ein gutes Vorbild sein. Geraten Vater und Mutter in einen Konflikt miteinander, müssen sie den nicht vor den Kindern verstecken – aber klar kommunizieren, dass die keine Schuld an der Missstimmung tragen. Und an den Erwachsenen sollten Kinder erleben, wie ein Konflikt friedlich und konstruktiv besprochen wird: Bestenfalls endet er mit einer Lösung.

Haben Eltern den Eindruck, dass ihre Kinder im Vergleich zu anderen sehr aggressiv und streitlustig auftreten, können ihnen verschiedene Schulungsprogramme helfen. Sie reichen von Erziehungstrainings für Eltern über spielerische Lektionen im Unterricht bis zu Benimmregeln und Belohnungen für positives Verhalten. Als erfolgreich erwiesen haben sich etwa das Training „Effekt" für Eltern und Kinder, entwickelt an der Universität Erlangen-Nürnberg, oder das Programm „Faustlos" des Heidelberger Präventionszentrums für Kindergärten und Grundschulen.

Im Detail mögen solche Trainings unterschiedlich sein, doch ihr Kern ist stets ähnlich: Die Kinder sollen lernen, Emotionen anderer richtig einzuschätzen – und erleben, dass sie eigenen Empfindungen nicht hilflos ausgeliefert sind. Das ist eine der wichtigsten Voraussetzungen für einen fairen, nicht zerstörerischen Streit. *Claudia Doyle*

Nur wenn Eltern eine Verärgerung besonnen vortragen, lernen Kinder, Konflikte nicht zu fürchten

Manchmal aber genügt auch schon ein gezielter, womöglich paradox anmutender Stimmungswechsel, um den Streit zu entschärfen. John Gottman versucht in seinen Kursen deshalb, Paare vor allem in einer Fähigkeit zu schulen: Humor.

Ein wohlmeinendes Lachen etwa oder eine augenzwinkernde Überspitzung kann, so lehrt Gottman, eine geradezu magische Wirkung entfalten.

Denn Humor beruhigt die emotionale Turbulenz einer Auseinandersetzung, verwandelt die Konfrontation wieder in eine Diskussion, in der beide Seiten mehr reden als brüllen, einander zuhören – und vielleicht ein wenig überlegen, bevor sie sprechen.

VI.

Dem anderen **Kompromissbereitschaft signalisieren**

Wenn der Streit bereits entflammt ist, sollten Kontrahenten Kompromisse aushandeln: also nach einer Lösung suchen, in der beide Seiten zwar Zugeständnisse machen, aber auch jeweils etwas gewinnen. Es ist oft die beste Möglichkeit, einen Konflikt langfristig zu befrieden. Denn andernfalls gibt es nur einen Sieger und einen Verlierer – und die Differenz schwelt weiter.

Echte Verhandlungen beginnen allerdings erst, wenn die Kontrahenten nicht mehr danach fragen, wer mit dem Streiten begonnen hat und die größere Schuld daran trägt; wenn sie bereit sind, dem anderen entgegenzukommen und dessen Wünschen und Zielen zumindest ein Stück weit zu entsprechen.

Viele Streitende aber scheuen sich genau davor. Sie fürchten, bei einem Kompromiss über den Tisch gezogen zu werden, und spüren darum neue Unzufriedenheit in sich aufkeimen.

Tatsächlich ist das Ringen um einen tragfähigen Kompromiss, der für alle Beteiligten wenigstens vorläufig akzeptabel ist, eine Herausforderung. Jeder muss von eigenen Vorstellungen abrücken, ohne sich selbst fremd zu werden.

Nicht immer ist dabei ein klassischer Ausgleich die beste Lösung: Eine Woche putze ich, die nächste du. Manchmal ist es für alle gewinnbringender, wenn man die Verhandlungsmasse vergrößert: Wenn ich immer putze, übernimmst du alle Einkäufe.

Oder man lagert die ungeliebte Hausarbeit ganz aus und investiert die gewonnene Zeit in die Beziehung: So gewinnen beide, und niemand verliert – die höchste Form des Kompromisses.

VII.

Nicht zögern, die **Hilfe Dritter** *zu suchen*

Immer wieder gibt es Konflikte, welche die Beteiligten nicht allein lösen können: weil sie sich im Gespräch stets gegenseitig hochschaukeln; weil sie einander nicht mehr vertrauen; weil kein konstruktiver Dialog mehr möglich ist.

In derartigen Fällen ist es kein Zeichen von Schwäche, sondern eines von Stärke, die Hilfe professioneller Streitschlichter in Anspruch zu nehmen (siehe Seite 26). Solche Mediatoren nehmen allerdings nicht die Rolle des Problemlösers ein, sondern sie moderieren die Aussprache, vermitteln, erinnern die Gesprächsteilnehmer immer wieder an die Regeln des guten Streitens.

Und sie stellen Fragen: bohrende, behutsame, spitzfindige. Sie haken nach, um die Streitenden zum Nachdenken, zur Einsicht und schließlich zu einer von ihnen selbst gefundenen und formulierten Lösung zu bringen.

VIII.

Zeichen der **Versöhnung etablieren**

Streit führt immer zu einer emotionalen Entfremdung – selbst wenn sie sich im Gespräch überbrücken lässt. Es genügt daher oft nicht, darauf zu vertrauen, dass nach einem Zwist schon bald alles wieder im Lot sein wird. Beide Partner müssen sich dessen auch sicher sein.

Deshalb halten es Experten für wichtig, ein Versöhnungsritual zu vereinbaren, mit dem Streitende wieder zueinanderfinden. Deutliche Gesten der Harmonie erleichtern es, einen Zank abzuschließen – und wieder unbefangener miteinander umzugehen.

Solche Zeichen der Eintracht können sehr unterschiedlich sein: ein Handschlag etwa, eine Umarmung, eine Minute in gemeinsamer Stille, eine Verabredung zum Kaffee, ein gegenseitiges Geschenk.

Allerdings müssen die Gesten der Beziehung angemessen sein. Es irritiert

Gewaltfreie Kommunikation

Die richtigen Worte finden

Wie man sich im Streit höflich, aber bestimmt ausdrückt

Als Jugendlicher in den 1940er Jahren erlebte Marshall B. Rosenberg, wie Menschen verschiedener Hautfarbe in den USA in Konflikte gerieten, auch er wurde wegen seiner jüdischen Wurzeln oft ausgegrenzt. Diese Erlebnisse prägten ihn. So verfolgte er als Psychologe einen Grundgedanken: Wer Frieden schaffen will, muss nicht nur darauf achten, was er sagt – sondern auch, wie.

Rosenberg entwickelte daher das Konzept der „Gewaltfreien Kommunikation" (engl. *Nonviolent Communication*). Es beruht auf der Annahme, dass die meisten zwischenmenschlichen Konflikte ihre Ursache darin haben, dass wir in Dialogen unsere Bedürfnisse falsch kommunizieren. Schuld sei unsere wertende und verurteilende Sprache.

Gewaltfreie Kommunikation kann in allen Konflikten angewendet werden, ob in einem familiären Zwist oder bei diplomatischen Auseinandersetzungen. Dabei gilt es grundsätzlich, vier Schritte zu beachten:

I. Beobachtung. Am Anfang steht die Wahrnehmung und Beschreibung der Situation, ohne jede Interpretation, beispielsweise: „Zu unseren letzten beiden Verabredungen bist du eine halbe Stunde zu spät gekommen" (statt „Immer kommst du zu spät!").

II. Gefühl. Erst dann sollten Emotionen erspürt und mit Worten benannt werden („Das macht mich traurig").

III. Bedürfnis. Aus dem Gefühl lässt sich ein Bedürfnis erkennen („Denn ich wünsche mir mehr Wertschätzung").

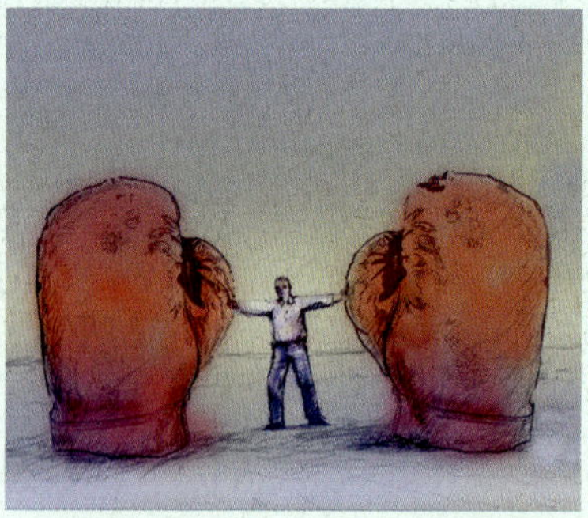

Eine wertende und verurteilende Sprache lässt die Wut von Kontrahenten unnötig anschwellen

IV. Bitten. Wenn das Bedürfnis klar erkannt ist, sollte daraus eine Bitte erwachsen – am besten um eine konkrete Handlung („Könntest du dich bei unserer nächsten Verabredung bitte bemühen, pünktlicher zu sein?").

Rosenberg fasste diese vier Schritte in einer Faustformel zusammen: Wenn ich *a* sehe (Beobachtung), dann fühle ich *b* (Gefühl), weil ich *c* brauche (Bedürfnis). Deshalb möchte ich jetzt gern *d* (Bitte). Er betonte selbst, dass Gewaltfreie Kommunikation keineswegs überraschend sei oder kompliziert. Doch allzu oft würden Menschen die ihnen eigentlich bekannten Regeln vergessen.

1984 gründete Rosenberg in den USA das Center for Nonviolent Communication, das auch heute, nach seinem Tod im Jahr 2015, weltweit Seminare anbietet. Seine Methode ist in vielen Krisengebieten angewendet worden. In Israel wurden auf Anweisung der Regierung in rund 1000 Kindergärten Kurse angeboten. Auch in Deutschland beziehen sich zahlreiche Psychologen und Trainer auf Rosenbergs Konzept.

Freilich: Wissenschaftliche Belege für dessen Wirksamkeit gibt es nur wenige. Einige Studien zeigen immerhin, dass ein Training für Gewaltfreie Kommunikation das Einfühlungsvermögen stärken kann – nach Rosenberg die wohl wichtigste Kompetenz zur Lösung von Konflikten. Denn nur wenn wir fähig sind, die Beobachtungen, Gefühle, Bedürfnisse und Bitten des Gegenübers wahrzunehmen, können wir ein Nein akzeptieren oder ein respektvolles Streitgespräch führen. *Claudia Doyle*

mehr, als dass es hilft, wenn man dem Partner die Hand schüttelt oder dem Vorgesetzten ein Geschenk macht.

*

Erklären und zuhören, einfühlen und nachfragen, nachdenken und verhandeln, ausprobieren und notfalls neu verhandeln: Es ist unverkennbar – richtig streiten ist Arbeit. Und ein Konflikt birgt immer ein Risiko, dass dieser Aufwand vergebens ist. Denn natürlich gibt es Auseinandersetzungen, die trotz aller Anstrengung ungelöst bleiben, die tiefe, unüberbrückbare Gräben zwischen Menschen reißen.

Doch das Gegenteil von Konfrontation ist nicht Harmonie, sondern Gleichgültigkeit. Nur wer streitet, gibt sich und anderen die Chance zu spüren, wie belastbar die Beziehung ist, wie stark die Verbundenheit.

Richtig streiten heißt, durch eine Auseinandersetzung zu gehen – und am Ende ein tieferes Verständnis für sich und den anderen zu gewinnen.

Schließlich ist Streit immer auch ein Bekenntnis: Du bist es mir wert ●

Das Magazin für Geschichte.
Das Magazin für Geschichte
GEO EPOCHE
NR. 103
1500
AD
DÜRER
und seine ZEIT
Jetzt im Handel oder digital lesen.
Kunstrevolution und Reformation
DEUTSCHLAND UM 1500
NEU: GEO EPOCHE + – die digitale Welt der Geschichte.
Alle Beiträge aus 20 Jahren + Audioversionen + Podcast.
www.geo-epoche.de/plus
JETZT BEI Google play
Laden im App Store

Interview: **Maria Kirady** und **Bertram Weiß**

Illustrationen: **Sébastien Thibault**

Wenn das Büro zur Quelle von Kontroversen wird

Bissige Stimmung
Bereits der giftige Kommentar eines Kollegen kann dazu führen, dass sich mancher Mitarbeiter nicht mehr sicher fühlt und nur noch ungern seine Arbeitsstelle aufsucht

Gerade am Arbeitsplatz flammen viele Zwiste auf – zwischen Chef und Angestellten oder auch zwischen Kollegen. Wie lassen sich die Differenzen bewältigen? Der Wirtschaftspsychologe Marc Solga über Wege aus dem Streit im Job

Macht der Hierarchie
Stimmungstiefs entstehen leicht, wenn Führungskräfte autoritär und aufbrausend agieren

GEOkompakt: *Herr Dr. Solga, oft ist davon die Rede, Unternehmen müssten sich um eine bessere „Streitkultur" bemühen, gar um „Konfliktmanagement". Warum?*

Dr. Marc Solga: Überall dort, wo Menschen miteinander arbeiten, prallen unterschiedliche und oftmals unvereinbare Persönlichkeiten, Einstellungen und Interessen aufeinander. Lange Zeit galten solche Kollisionen als fruchtbar – es gab die Vorstellung, Konflikte bei der Arbeit setzten eine positive Energie frei; jede Kontroverse helfe, Wissen zu mehren und Verantwortlichkeiten zu schärfen.

Das klingt plausibel.

Tatsächlich hat aber die jüngere Forschung gezeigt, dass Konflikte bei der Arbeit fast immer mehr Nach- als Vorteile haben. Sie mindern Zufriedenheit, Wohlbefinden, Gesundheit, Motivation und Leistung.

Deshalb richten viele Unternehmen und Forscher den Blick darauf, wie Mitarbeiter und Führungskräfte mit negativen Emotionen umgehen können, wie sie Konflikte vermeiden – und handeln, wenn sie dennoch unausweichlich sind.

Dr. Marc Solga, Jg. 1972, ist Arbeits- und Organisationspsychologe. Mit einem Partner leitet er ein auf Führungskräfteentwicklung spezialisiertes Beratungsunternehmen. Zuvor war er Professor an der Ruhr-Universität Bochum.

Wie sind Konflikte am Arbeitsplatz zu vermeiden?

Um es einmal deutlich zu sagen: Es ist unmöglich, völlig konfliktfrei zu arbeiten. Zu vielen Auseinandersetzungen würde es aber gar nicht erst kommen, wenn sich die Beteiligten mehr Gedanken um ein gemeinsames mentales Modell machen würden.

Was ist damit gemeint?

Menschen, die zusammenarbeiten, brauchen vor allem eine gemeinsame Landkarte: also ein Verständnis davon, welches Ziel sie erreichen wollen und wie man dorthin gelangt.

Gerade in Zeiten wie heute, in denen es immer häufiger zu Veränderungen kommt – Mitarbeiter kommen und gehen, Prozesse werden umstrukturiert, Abteilungen umgebaut, Firmen fusioniert –, ist es wichtig, viel Mühe darauf zu verwenden, eine gemeinsame Grundlage zu schaffen.

In vielen Unternehmen macht sich das Management aber zu wenig Gedanken, es gilt die Devise: Wir werden uns schon aneinander gewöhnen, das ruckelt sich zurecht. Wenn es dann aber doch nicht so kommt, wird eine böse Absicht vermutet – und Streit ist unausweichlich.

Können Sie ein Beispiel nennen?

Ich habe kürzlich eine Firma beraten, in der Teams zum ersten Mal zusammenarbeiten sollten. Schnell krachte es, es wurde geschimpft, die Mitarbeiter waren genervt voneinander. Dabei entging ihnen, dass sie die gleichen Begriffe – zum Beispiel „Strategie" oder „Produktivität" – ganz unterschiedlich verwendeten. Sie redeten buchstäblich aneinander vorbei.

Ein weiteres Thema waren die ungeschriebenen Spielregeln, die in den Teams sehr unterschiedlich waren. So gab es beispielsweise gegensätzliche Erwartungen hinsichtlich des Umgangs mit vereinbarten Fristen. In dem einen Team war es üblich, Fristen bis zur letzten Sekunde auszureizen. Das wiederum führte in dem anderen Team zu großer Irritation, weil hier die ungeschriebene Regel lautete: „Arbeite schnell und effizient – reize die verfügbare Zeit niemals aus." Diese Erwartungen wurden zudem sehr stark durch die jeweiligen Führungskräfte geprägt.

Häufig haben Mitarbeiter aber gar nicht die Chance, an einer gemeinsamen Landkarte zu arbeiten. Sie müssen machen, was der Chef sagt.

Damit sind wir beim Thema Macht und Hierarchie. Das sind Faktoren, die die Konfliktkultur am Arbeitsplatz beeinflussen können. In Arbeitsbereichen, die sehr hierarchisch und autoritär geprägt sind, kommt es seltener zu offener Konfrontation. Dort werden Konflikte eher indirekt ausgetragen. Das heißt: Man kontrolliert oder blockiert den anderen, indem man die Zusammenarbeit an schwer erfüllbare Bedingungen knüpft oder auf angebliche Spielregeln verweist, die das eigene Handeln oder Nichthandeln begründen. Oft vermeiden die Kontrahenten direkten Kontakt und nutzen stattdessen Klatsch und Gerüchte, um den anderen abzuwerten und die eigene Position zu behaupten.

Ist die Kultur dagegen demokratisch und partizipativ geprägt, werden Streitigkeiten eher unmittelbar und offen ausgetragen. Das hat Vorteile: Offene Formen der Konfliktaustragung lassen sich schneller in konstruktive Kontroversen überführen.

Um welche Konfliktthemen geht es gemeinhin am Arbeitsplatz?

Man kann zwei große Themen unterscheiden. Zum einen entzündet sich Streit oft an Unvereinbarkeiten auf der persönlichen Ebene. Meist geht es hier um erlebte Zurückweisungen oder fehlenden Respekt im persönlichen Kontakt. Solche Konflikte lassen sich als Beziehungskonflikte beschreiben.

Auf der anderen Seite streiten Kollegen häufig um Dinge, die mit ihrer Tätigkeit, mit der Arbeit selbst zu tun haben. Dann kann es sich wiederum um einen Beurteilungskonflikt oder um einen Prozesskonflikt handeln.

» **Den Chef zu Hilfe zu rufen, funktioniert nur, wenn er sich nicht auf eine der beiden Seiten stellt** «

Beurteilungskonflikte entstehen dann, wenn Menschen in der Zusammenarbeit zu unterschiedlichen Schlüssen kommen, wie sie vorgehen wollen, weil sie Rahmenbedingungen oder Informationen unterschiedlich bewerten. Prozesskonflikte betreffen dagegen die Organisation der Arbeit, also Strukturen und Abläufe. Wer macht was? Wer ist wofür verantwortlich und wofür nicht? Wer darf welche Ressourcen verwenden?

Das klingt abstrakt. Wie kann dieses Schema helfen, Konflikte zu lösen?

Man muss sich zunächst klar machen, dass die meisten Streitfälle in der Regel eine Kombination dieser verschiedenen Konfliktfelder sind. Die Uneinigkeit entsteht auf einem Feld, aber dann infiziert sie gewissermaßen ein anderes, der Konflikt wird größer und größer, er eskaliert. Meist beginnt es mit einer harmlosen Meinungsverschiedenheit. Können sich die Beteiligten nicht einigen, dann fühlt sich womöglich einer benachteiligt oder absichtlich missverstanden, er verhält sich zunehmend abweisend – und bald ist man tief in einen persönlichen Kampf verstrickt.

Um aus dieser Konfrontation herauszukommen, ist es unerlässlich, sich bewusst zu machen, in welchen Punkten man sich eigentlich uneinig ist. Denn: Unterschiedliche Konflikte erfordern unterschiedliche Lösungsstrategien.

Welche Strategien wären das?

Für die beurteilungs- und prozessbezogenen Konflikte, die daraus resultieren, dass eine gemeinsame Landkarte fehlt, besteht die Lösung darin, eine zu zeichnen. Also genau darüber in Konferenzen zu sprechen und sich bewusst zu machen: Meine Landkarte und deine Landkarte stimmen nicht überein, haben aber beide ihre Berechtigung; deshalb müssen wir uns auf ein gemeinsames Ziel verständigen, uns auf Bewertungskriterien einigen, unsere Abläufe überdenken und unsere Zusammenarbeit klären.

Bei Beziehungskonflikten kommt es darauf an, behutsam die eigenen Kränkungen anzusprechen, sich auch in die Gefühle des Gegenübers hineinzuversetzen und für einen anderen Umgang miteinander zu werben.

Die Art des Konflikts gibt also vor, was die beste Lösung ist. Daher sollte man beziehungs- und arbeitsbezogene Konfliktthemen stets voneinander trennen und separat bearbeiten.

Die beste Strategie ist aber immer noch, die Eskalation von Auseinandersetzungen zu vermeiden.

Wie gelingt das in der Praxis? Wie entschärfe ich eine Situation, in der mich jemand anherrscht, weil ich in seinen Augen falsch gehandelt habe?

Viele reagieren selbst mit Konfrontation, blaffen noch heftiger zurück. Andere ducken sich weg und ziehen sich zurück. Das sind keine konstruktiven Wege. Viel klüger ist es, sich an die Situation anzuschmiegen und sie zum Positiven zu wenden. Konkret bedeutet das: etwa nachzufragen, was genau dem Kollegen oder Vorgesetzten missfällt. Betonen Sie, dass Sie viel Mühe in Ihre Arbeit investiert haben, dass Sie seine Enttäuschung bedauern und sich das Problem selbstverständlich noch einmal ansehen werden. Also konstruktiv reagieren, ohne sich und die eigene Leistung dabei klein zu machen. Das ist anfangs nicht einfach, aber mit jeder Situation, in der man auf diese Weise handelt, wird es leichterfallen.

Und wenn der Konflikt eskaliert ist, wie stelle ich erneut einen Dialog her?

Machen Sie ein positives Beziehungsangebot. Laden Sie den anderen zum Kaffee ein, loben Sie das Bild in seinem Büro, backen Sie einen Kuchen. Sie müssen das negative Muster – also: die Parteien reagieren destruktiv aufeinander, unterstellen einander zunehmend böse Absichten und sind in einer Abwärtsspirale gefangen – durchbrechen. In einem Konflikt zwischen Chef und Mitarbeiter sollte das der Stärkere tun, also der Chef. Macht es der Untergebene, wird das meist als Zeichen von Schwäche gewertet. Da braucht man schon Größe und Selbstachtung, um sich dagegen zu immunisieren. Aber wer seine Lage verändern will, sollte sich im Zweifel überwinden.

Kräfte messen
Viele destruktive Konflikte könnten vermieden werden, wenn Kollegen ein gemeinsames Ziel vor Augen hätten

Kann es im Streit mit Kollegen helfen, einen Vorgesetzten zu Hilfe zu rufen?

Das wird nur dann funktionieren, wenn er sich nicht auf eine der beiden Seiten stellt. Sobald er das macht, trägt er zur Eskalation bei. Dann gibt es plötzlich drei Konfliktpartner statt zweier, der Streit wird noch größer. Der Chef kann nur schlichten, wenn er absolut neutral bleibt und versucht, den Konflikt behutsam in eine konstruktive Richtung zu lenken. Bestehen daran Zweifel, ist ein erfahrener Mediator die bessere Wahl.

Eine andere Situation, die viele kennen: Mein Bürokollege weiß immer alles besser und vergiftet so die Stimmung. Wie spreche ich das an?

Am besten gar nicht. Geben Sie ihm, was er will. Machen Sie einen Deal. Offensichtlich hat der Besserwisser ein großes Interesse an Wettbewerb, er will der Schlauste sein. Dann fragen Sie ihn einmal um Rat, bitten Sie ihn um seine Expertise. In der Wirtschaftspsychologie wird diese Taktik „Konsultation" genannt. Man könnte auch sagen: Geben Sie dem Gegner das Gefühl, dass Sie ihn umarmen. So sichern Sie sich die Unterstützung des anderen. Sie heben den Kollegen wenigstens einmal auf eine Bühne, lassen ihn als Experten strahlen, verschaffen ihm die Anerkennung, die er braucht. Dann ist er nicht mehr so erpicht darauf, sich mit Ihnen zu messen. Auf diese Weise lässt sich in vielen Fällen ein unnötiges Zerwürfnis umgehen.

Manchmal ist eine direkte Konfrontation unvermeidlich. Sollte ich den anderen zunächst loben, ehe ich ihn kritisiere – wie es oft empfohlen wird?

Menschen können negatives Feedback tatsächlich viel leichter verarbeiten, wenn es in etwas Nettes verpackt ist. Das beste Schema dabei: positiv, negativ, positiv. So entsteht der Eindruck: Der andere hat ein differenziertes Bild von mir, sieht nicht nur meine Schwächen, sondern auch meine Stärken.

Wird Kritik auf diese Weise vorgebracht, reagieren die meisten Menschen weitaus weniger verletzt, als wenn man sie ausschließlich tadelt. Zudem sollte Negatives bei der Arbeit nur unter vier Augen thematisiert werden, um notfalls einlenken zu können, wenn der andere empfindlich reagiert. Vermeiden Sie, dass es ein Publikum gibt.

Viele lästern über vermeintliche Verfehlungen von Kollegen. Was halten Sie davon?

Das kommt darauf an, mit welcher Gehässigkeit und in welchem Ausmaß es geschieht. Ich würde Büroklatsch nicht generell verdammen. Der Drang danach, sich diskret über Dritte auszutauschen, ist einfach zu groß, zu menschlich. Ein gutes Arbeitsklima kommt ohne Getuschel nicht aus.

Warum ist das so?

Klatsch hilft uns, ein Dilemma zu lösen. Wir wollen uns als gute Kooperationspartner in unserem sozialen Netz erweisen. Dafür müssen wir zwei Dinge tun: bedeutsame Informationen teilen und zugleich diskret sein. Aber wie kann beides zur gleichen Zeit gelingen, wenn es sich um sensible, persönliche Informationen handelt? Die Antwort ist ein genialer Trick: Klatsch.

Wir sind dabei nicht wirklich diskret, sondern inszenieren die Diskretion nur, indem wir einen Schutzraum der Vertraulichkeit schaffen. Daher finden solche Konversationen in Winkeln abseits der anderen statt. Die Beteiligten wissen: Was jetzt kommt, ist streng geheim. Klatsch ist sozusagen diskrete Indiskretion.

Wer lästert, muss damit rechnen, dass es ihn irgendwann selber trifft.

Nicht nur das: Beim Klatsch geht es ja auch darum, von der Norm abweichendes Verhalten anderer zu skandalisieren. Indem ich mich im Verborgenen darüber empöre, was der Kollege wieder angestellt hat, distanziere ich mich von dessen Verhalten. Das bedeutet aber auch, dass ich mich selber unter einen großen Zwang setze, auf keinen Fall so zu werden wie der Kollege. Ich muss mich also in Zukunft mustergültig verhalten. Sonst würde ich ja gegen meine eigenen Prinzipien verstoßen. Damit schränke ich meinen Handlungsspielraum erheblich ein.

Ich zahle also einen Preis, wenn ich mir den Spaß gönne, zu lästern.

Ja, aber auf diese Weise werden Werte und Normen gefestigt. Wir brauchen den Klatsch, um uns gegenseitig auf bestimmte Spielregeln einzuschwören, die wiederum wichtig sind, um künftige Konflikte zu vermeiden. Solange Lästerei nicht in Häme ausartet, ist sie ein Schmiermittel in jedem sozialen Gefüge.

Andernfalls eskaliert es zu Mobbing?

Mit diesem Begriff muss man vorsichtig sein. Nur weil einer mal zum Ziel von Spott wird, ist das noch kein Mobbing. Dafür muss die Demütigung mehrfach über einen langen Zeitraum erfolgen und von mehreren Personen ausgehen. Meist tritt Mobbing als Reaktion auf eine belastende Arbeitssituation auf: Wenn der Chef viel Druck aufbaut, müssen die Mitarbeiter irgendwo Dampf ablassen. Die kollektive Wut kann sich aber nicht gegen den Vorgesetzten richten, der am längeren Hebel sitzt. Also trifft sie den Schwächsten. Jemanden, der am Rande steht – der wird zum Sündenbock. Generell gilt: Zu viel Lästerei, gar Mobbing, ist meist ein Zeichen dafür, dass das Unternehmen falsch geführt wird, etwa nach dem Prinzip „Zuckerbrot und Peitsche".

Also wenn der Vorgesetzte Lob und Kritik gezielt einsetzt, um seine Mitarbeiter anzutreiben.

Diese Art der Führung kann eine Zeit lang effektiv sein, Menschen zu Best-

» **In der Regel erweist sich nur eine Strategie als erfolgreich: das rationale, überlegte Argument** «

Unterschwelliger Zwist
Oft vermeiden Kontrahenten den direkten Kontakt und nutzen stattdessen Gerüchte, um den anderen abzuwerten

leistungen antreiben – aber zu einem hohen Preis. Weil wir stets dann, wenn die Peitsche kommt, darauf hoffen, dass wir wieder Zuckerbrot erhalten. Das kommt auch irgendwann – und macht uns duldsam für die nächsten Peitschenhiebe.

Psychologen nennen das „intermittierende Verstärkung". Sie wirkt umso effektiver, je willkürlicher sie erfolgt. Nicht zufällig beruht die Spielsucht auf dem gleichen Effekt: Der zufällige kleine Gewinn zwischendurch lässt den Süchtigen wieder und wieder Geld in den Automaten werfen. Ebenso kann auch die Hoffnung auf ein kleines Lob gleichsam süchtig machen, wenn wir überwiegend nur Frust erleben. Langfristig zehrt das an den Kräften, weckt Gefühle von Ohnmacht und Abhängigkeit – und das schürt wiederum Konflikte.

Wie kann eine Führungskraft zu einem guten Arbeitsklima beitragen?

Indem sie den Mitarbeitern eine klare Vorstellung davon vermittelt, was sie von ihnen erwartet und wie sie diese Ziele erfüllen können. Dafür bedarf es regelmäßiger Feedbacks und nachvollziehbarer, leistungsgerechter Belohnungen. Die Führungskraft sollte möglichst transparent und fair agieren und Entscheidungen stets ausführlich begründen. Sie sollte den Mitarbeitern Wertschätzung entgegenbringen und ihre Bedürfnisse würdigen.

Vieles davon klingt zwar selbstverständlich, aber es wird leider viel zu selten beherzigt. Denn gute Führung heißt auch: Ein Chef stellt sich selbst in den Hintergrund, das Wohl der Organisation in den Vordergrund.

Bei einem ohnehin schwierigen Vorgesetzten ist eine Situation besonders unangenehm: die Gehaltsverhandlung.

Die ist gewissermaßen der Inbegriff eines Konflikts. Hier widersprechen sich die Interessen von Chef und Mitarbeiter vollkommen. In der Regel erweist sich nur eine Strategie als erfolgreich: das rationale, überlegte Argument. Versuchen Sie also, im Gespräch betont sachlich zu bleiben, stützen Sie sich auf Fakten, um für ein höheres Gehalt zu werben. Zählen Sie Ihre Leistungen auf, mag das auch unangenehm sein.

Je besser Sie Ihre Gründe vortragen, desto mehr ist der Vorgesetzte in Zugzwang, nicht nur Nein zu sagen, sondern auch seine Gründe vorzubringen. Erst dann eröffnet sich die Chance, tatsächlich zu verhandeln. Wenn Sie sich trauen, können Sie dieses Vorgehen noch mit einem kleinen psychologischen Trick flankieren. Bedenken Sie: Menschen sind weitaus empfänglicher für Komplimente, als wir gemeinhin denken.

Beginnen Sie zum Beispiel mit einem Satz wie: „Ich freue mich auf das Gespräch. Ich habe viele positive Dinge über die Art, wie Sie verhandeln, gehört, und dass Sie sehr fair sind." Solch eine Schmeichelei mag plump klingen, aber sie erzeugt ein angenehmes Gefühl und aktiviert außerdem einen positiven Aspekt im Selbstbild des Gegenübers. Und

»

Gute Führung heißt: Der Chef stellt sich in den Hintergrund, das Wohl der Organisation in den Vordergrund

«

der wird uns dann zeigen wollen, dass ihn die Welt zu Recht als freundlich, fair und hilfsbereit erlebt.

Und wie viel kann ich fordern?

Auf jeden Fall eine Summe, die deutlich über dem liegt, was Sie haben möchten, und gleichzeitig nicht völlig den Rahmen dessen sprengt, was in der Firma üblicherweise gezahlt wird. Dann haben Sie noch ausreichend Spielraum, um nachzugeben.

Auf keinen Fall sollten Sie eine Spanne von Summe X bis Summe Y fordern. Damit signalisieren Sie, dass Sie mit weniger zufrieden wären. Das wird jeder Vorgesetzte ausnutzen. Eine geschickte Strategie besteht zudem darin, die Entlohnung in verschiedene Posten zu zerlegen – etwa Grundgehalt, Boni, Arbeitszeit, Urlaubstage, Zusatzleistungen – und daraus gewissermaßen Verhandlungspakete zu schnüren.

Können Sie ein Beispiel nennen?

Vielleicht möchte Ihr Chef auf keinen Fall mehr bezahlen, wäre aber für flexiblere Arbeitszeiten, die Sie sich ebenfalls wünschen, durchaus offen. Im Idealfall einigen Sie sich am Ende auf eine Kombination der verschiedenen Facetten, auf ein Paket, mit dem beide zufrieden sind.

Angenommen, mein Vorgesetzter verlangt seinerseits etwas von mir, was ich nicht erfüllen kann, zum Beispiel schnelleres Arbeiten.

Auch dann sollten Sie wieder gut argumentieren. Sagen Sie Ihrem Chef, dass Sie seine Zielvorgabe verstanden haben, aber sie leider nicht erfüllen können, weil Ihnen die Ressourcen fehlen. Dann schlüsseln Sie auf, wie viel Arbeitszeit Sie auf welche Aufgaben verwenden und warum Sie unmöglich in der gleichen Zeit mehr schaffen können. Aber wenn Sie mehr Ressourcen hätten, zum Beispiel eine Hilfskraft, dann wäre es möglich.

Das klingt, als käme es im Büro vor allem auf diplomatisches Geschick an.

So ist es auch. Wann immer es ein Problem gibt, sollten Sie sich als Erstes fragen: Was möchte ich vom anderen, und was kann ich ihm im Austausch dafür anbieten?

Das gilt sowohl im Umgang mit dem Chef als auch mit Kollegen. Und: Versuchen Sie es immer erst mit Nachsicht und Kooperation, vermeiden Sie nach Möglichkeit die Konfrontation. Denn die führt im Zweifel zu Streit, und der erschwert die Zusammenarbeit.

Dazu gehört auch, dass man seinen Ärger öfter mal überwindet, seine Emotionen unter Kontrolle behält – und gelassen bleibt. Die wirtschaftspsychologische Forschung hat gezeigt: Vor allem diese Eigenschaft, der sogenannte „political skill", macht Menschen beruflich erfolgreich •

Text: **Eva Tenzer**

Fotos: **Lara Wilde**

Im Wider mit sich selbst

Das Ringen mit einer folgenschweren Entscheidung erzeugt oft quälende Gedanken und Gefühle. Einsam und innerlich zerrissen scheinen auch die Menschen, die Lara Wilde für ihr Projekt »Exposed Landscapes« im eigenen Zuhause inszenierte – in Berlin, wo die Porträtierten wie die Fotografin leben

streit

Was tun, wenn uns Partnerschaft oder Beruf **vor eine scheinbar unmögliche Wahl stellen?** Wenn wir im Konflikt mit uns selbst gefangen sind? Psychologen haben verblüffend effektive Strategien entwickelt, wie wir solche inneren Widersprüche überwinden – und kluge Entscheidungen fällen können

Wer bin ich? Und was will ich? Welche Motive leiten mich? Uns alle beschäftigen diese Fragen hin und wieder, den einen dringlicher, den anderen weniger stark. Wir versuchen ein Gespür dafür zu entwickeln, in welchen Milieus wir uns wohlfühlen, mit welchen Menschen wir uns umgeben möchten. Wie wir zu unserer Arbeit stehen, ob eine Partnerschaft trägt – oder was überhaupt die passende Lebensform ist.

Aber was, wenn sich auf diese Fragen keine eindeutigen Antworten finden lassen? Wenn die Beziehung zeitweise mit Wärme erfüllt ist, und sich gelegentlich wie ein Gefängnis anfühlt? Wenn die Sicherheit des Jobs mal Genugtuung bereitet und mal wie eine Bürde erscheint?

Unzählige Bücher, Theaterstücke und Filme beziehen genau aus solchen quälenden Widersprüchen ihre Spannung. Johann Wolfgang von Goethe ließ seinen Faust im Drama klagen: „Zwei Seelen wohnen, ach!, in meiner Brust." Robert Louis Stevenson erfand in einer Novelle jenen Mann, der am Tag der freundliche Dr. Jekyll ist, in der Nacht der grausame Mr. Hyde. Hermann Hesse ließ seinen Harry Haller im „Steppenwolf" ringen mit bürgerlichen Werten und dem Traum von einem ganz anderen, freien Leben.

Der Kampf der Protagonisten mit sich selbst fesselt uns. Vielleicht, weil er uns spüren lässt, welche Widersprüche wir selber in uns tragen. Welche unterschiedlichen Stimmen aus unserer Biografie und unserer Persönlichkeit erwachsen, aus Verletzungen, widerstreitenden Bedürfnissen und einander ausschließenden Zielen.

Häufig wirkt es, als redeten in **UNSEREM INNEREN** viele Stimmen durcheinander

Wie wir auf das Verhalten und die Erwartungen anderer Menschen, auf verbreitete Moralvorstellungen reagieren würden.

Nicht selten wirkt es, als würden in unserem Inneren viele Stimmen sprechen, als seien wir nicht einer, sondern viele: Eine Seite etwa sehnt sich nach Geborgenheit, eine andere nach Unabhängigkeit; der Zweifler in uns warnt, der Abenteurer treibt an.

Insbesondere nachts neigen viele Menschen zum Grübeln und finden keine Ruhe. Auf Dauer kann sich daraus eine Schlafstörung entwickeln

Kurz: Wir befinden uns in einem Konflikt mit uns selbst.

Besonders bewusst wird uns dies immer dann, wenn wir vor Entscheidungen stehen. Wenn etwa Eltern sich fragen: Darf der Teenager am Wochenende feiern? Oder kränkelnde Angestellte am Morgen: aufraffen und die Kollegen unterstützen oder im Bett bleiben? Normalerweise obsiegt dann bald eine der Stimmen, oder sie finden zu einem Kompromiss: Der Teenager darf feiern – aber muss zu einer bestimmten Zeit wieder zu Hause sein; der Angestellte geht ins Büro – aber macht etwas früher Schluss.

Doch wenn sich keine Klarheit einstellt, kann die Zerrissenheit zur dauerhaften Belastung werden. Dann, so sagen Psychologen, gerät der Mensch in einen „inneren Konflikt".

Die innere Zerrissenheit kann harmlos sein und das Leben kaum beeinträchtigen, aber sich auch dramatisch steigern, bis zur Handlungsunfähigkeit. Doch wer weiß, wie solche Konflikte entstehen und was Abhilfe schafft, vermag mit ihnen im Alltag gut fertigzuwerden.

Dabei ist es völlig normal, wenn wir uns zeitweilig ratlos fühlen, weil die vielen Stimmen uns verwirren, unliebsame Emotionen wecken wie Angst oder Trauer. In der Regel entwickeln wir rasch hilfreiche Strategien, um die inneren Kämpfe zu befrieden: Wir analysieren die Situation, bitten um Rat, folgen unserer Intuition, erinnern uns an ähnliche Begebenheiten in der Vergangenheit.

In Bedrängnis geraten wir erst, wenn all diese Wege keine Lösung bieten. Dann finden wir keine Ruhe mehr, verfallen in Grübelei, können negative Emotionen nicht mehr ausgleichen – und geraten womöglich in Streit mit anderen Menschen.

Denn wer in sich zerrissen ist, kommuniziert mit anderen oft widersprüchlich oder unfreundlich. Auch Stress oder chronische Anspannung weisen vielfach darauf hin, dass der Betroffene einen inneren Konflikt austrägt. Bleibt dieser

lange bestehen, kann er auch zu schwerwiegenden psychischen Störungen führen, vermuten viele Psychologen, etwa zu Panikattacken oder Depression.

Deshalb haben Wissenschaftler schon vor langer Zeit zu analysieren begonnen, welche Stimmen in einem Menschen in Konflikt geraten können. So beschrieb bereits Sigmund Freud, der Begründer der Psychoanalyse, die menschliche Seele als Kampfplatz unterschiedlicher Kräfte.

Schon Sigmund Freud beschrieb die Seele als **KAMPFPLATZ** widerstrebender Kräfte

In den Gesprächen mit Patienten meinte der Arzt und Psychologe den Widerstreit zwischen triebhaften Impulsen (die er „Es" nannte) einerseits sowie übergeordneten Regeln und Normen („Über-Ich") andererseits zu erkennen. Das rationale Bewusstsein („Ich") – also die bewusste Wahrnehmung sowie alle Gedanken und Urteile – steht dabei als Vermittler zwischen diesen beiden Kräften und sucht einen Kompromiss mit der Realität zu finden.

Auch Carl Gustav Jung, der Begründer einer anderen Strömung der Seelenkunde, versuchte die Natur innerer Konflikte zu ergründen. Er hatte die Vorstellung von verborgenen Kräften, von verdrängten, unterdrückten und als negativ bewerteten Anteilen unserer Persönlichkeit, die uns immerzu begleiten, Schatten gleich. Jung zählte die Beschäftigung mit der eigenen Dunkelheit – das Gewahrwerden als minderwertig empfundener Charakterzüge und deren Integration in die Gesamtpersönlichkeit – zu den Hauptaufgaben in der gesunden Entwicklung eines Menschen.

Aus der Arbeit von Freud und Jung entwickelte sich die moderne Psychotherapie. Vor allem Therapeuten, die der sogenannten Tiefenpsychologie folgen, knüpfen daran an.

Viele orientieren sich dabei an der „Operationalisierten Psychodynamischen Diagnostik". Dieser Leitfaden zur Erkundung psychischer Erkrankungen unterscheidet sieben Typen, denen sich letztlich jeder innere Konflikt, sei er vage oder quälend, zuordnen lässt: So ringt etwa immer der Drang nach Freiheit mit der Sehnsucht nach Geborgenheit, der Wunsch nach Unterordnung mit dem Willen zur Kontrolle, die Hoffnung auf Versorgung mit dem Bedürfnis nach Unabhängigkeit.

In ihrer Intensität erstrecken sich diese Konflikte über eine Bandbreite von harmlos bis hin zu behandlungsbedürftig; das Ausmaß der Verhaltensbeeinflussung reicht folglich von minimalem Problemdruck, der weiterhin normales, nahezu uneingeschränktes Funktionieren ermöglicht, bis zu schweren, quälenden Einschränkungen im Alltag.

Zum Glück brauchen die meisten Konflikte keine Behandlung. Wer nach Lösungen für die vielen harmlosen Alltagsfälle innerer Zerrissenheit sucht, muss sich nicht zwangsläufig in eine Psychotherapie begeben. Die Psychologie bietet heute eine Vielzahl von Methoden zur Selbsthilfe, die dafür sorgen, dass eine innere Kontroverse gar nicht erst zur Bedrohung für die seelische Gesundheit wird.

Manch ungelöstes Problem kann regelrecht lähmend wirken, auf andere Lebensbereiche ausstrahlen und in eine Depression münden

Gemeinsam ist ihnen: Der Widerstreit der inneren Stimmen soll weder dramatisiert noch ignoriert werden. Vielmehr gilt es, ihn nüchtern zu betrachten, ihm Gehör zu schenken – und aus der Vielstimmigkeit einen harmonischen Gleichklang zu formen.

In wissenschaftlichen Studien als wirksam erwiesen hat sich zum Beispiel die „Introvision". Angeregt von der Erkenntnis, dass langwierige und ernsthafte innere Konflikte manch einen lähmen und seine Leistung mindern können, entwickelte die Forschungsgruppe der Hamburger Psychologin Angelika Wagner diese Methode.

Dabei geht es um die Folgen innerer Konflikte, die sich im Alltag störend auswirken: etwa als Rede- und Prüfungsangst, Schreibblockade, Flugangst oder Perfektionismus.

Zunächst gilt es, die widerstreitenden Empfindungen zu identifizieren, jedes Gefühl bewusst wahrzunehmen, zu spüren, wie es sich äußert, auch körperlich. Dann heißt es, dem Unangenehmsten Raum zu geben, es urteilsfrei zuzulassen, nur aufmerksam zu konstatieren, dass es da ist, und wahrzunehmen, mit welchen negativen Emotionen wir es verbinden.

In zahlreichen Studien konnte die Psychologin Wagner belegen: Trainieren Menschen die Schritte der bewussten Introvision, kann es gelingen, Blockaden zu überwinden und Klarheit für sich zu finden.

Viele Therapien zielen darauf ab, die **SELBSTAKZEPTANZ** zu stärken

Ein anderer Weg, Ordnung in die Vielstimmigkeit zu bringen, ist die Arbeit mit dem „Inneren Team". Diese von dem Psychologen Friedemann Schulz von Thun entwickelte Methode wird heute häufig in Beratungen, Therapien und Coachings eingesetzt. Die Idee dabei: Man übt sich darin, den inneren Stimmen einen Namen zu geben, sie als Rollen in einem Ensemble zu definieren und miteinander ins Gespräch kommen zu lassen. Repräsentativ für die Stimmen eines Konflikts werden Teammitglieder benannt, die für die widerstreitenden Haltungen, Werte und Argumente stehen. Die Grundhaltung dabei sollte sein, so Schulz von Thun: „Heiße jeden willkommen. Auch und gerade die, die vielleicht deinem Ich-Ideal zuwiderlaufen. Gehe davon aus, dass in ihrem Votum eine gute Absicht oder zumindest ein Körnchen Wahrheit steckt."

Es gilt also, alle Stimmen gleichwertig zu würdigen. Denn wie in der Außenwelt können wir auch in der Innenwelt von der Vielfalt der Perspektiven profitieren. In der Praxis funktioniert das etwa so: Der Betreffende ist immer wieder hin- und hergerissen, ob er Bettlern etwas spenden oder einem Bekannten eine größere Geldsumme borgen soll. In dem Fall kann er unter anderem die inneren Stimmen des „Hartherzigen", des „Mitleidigen", des „Eiligen" oder des „Schuldbewussten" identifizieren.

Seelische Verletzungen, verpasste Chancen und unrealistische Erwartungen führen mitunter dazu, dass Menschen ihre gesamte Existenz infrage stellen

Oft behindert äußere Überforderung die Lösung innerer Konflikte. Mentales Training kann helfen, Klarheit zu gewinnen und die eigenen Grenzen zu respektieren

Hilfreich kann sein, die Figuren zu visualisieren, sie vielleicht sogar räumlich zu verorten, etwa auf verschiedenen Stühlen.

Dann fragt man jeden: Was würde der eine sagen, wortwörtlich? Welche Ziele verfolgt der andere, welche Bedürfnisse hat er? Ist er mir sympathisch oder werte ich ihn ab? Schließlich kann man die Figuren vor dem inneren Auge miteinander reden lassen, gleichsam eine „Teamkonferenz“ veranstalten.

Mag diese Art der konkreten Personifizierung auf den ersten Blick auch etwas verspielt wirken: Sie hilft, Klarheit zu gewinnen – zu durchdringen, was sich zuvor noch wie ein diffuses, aber bedrohliches Chaos anfühlte. Denn hat der Betreffende die Stimmen einmal gehört, fällt es leichter, zu entscheiden, welcher er in der konkreten Situation den Vorrang geben möchte, welche vielleicht zu einem anderen Zeitpunkt einmal den Ausschlag für eine Entscheidung geben soll.

Der Weg zur Klärung mithilfe eines „Inneren Teams“ kann allerdings zeitaufwendig sein. Sie erfordert die Bereitschaft und die Muße, sich gezielt mit den eigenen Gedanken und Empfindungen auseinanderzusetzen.

Soll ein alltäglicher innerer Konflikt einmal rascher gelöst werden, kann es helfen, den Blick vor allem auf die Zukunft zu richten. Zu überlegen, wohin die eigene Entscheidung führen wird – und ob dies dem Leben entspricht, das man langfristig führen möchte. Die US-Lebensberaterin Suzy Welch hat dies auf die griffige Formel „10-10-10“ reduziert: Wie wird mein Leben in zehn Minuten, zehn Monaten und zehn Jahren aussehen, wenn ich so und nicht anders entscheide?

Doch ganz gleich, wie wir versuchen, der inneren Zerrissenheit Herr zu werden: Wir werden sie nicht immer und gänzlich lösen können. Vielmehr, so empfehlen zahlreiche Forscher, sollten wir uns darin üben, nachsichtig mit uns selbst zu sein. Uns zu gestatten, verwirrt oder ratlos zu sein, uns ohnmächtig oder innerlich uneins zu fühlen. Denn wenn wir uns selbst verurteilen, zurückziehen und grübeln, geraten wir nur noch tiefer in inneren Zwiespalt.

In der Akzeptanz und der Freundlichkeit gegenüber sich selbst, darin scheinen sich Psychologen einig, liegt das Potenzial einer Lösung. Dazu beitragen könnte der Ansatz der „Mindful Self-Compassion“ (engl. für „Achtsames Selbstmitgefühl“). Dieser Acht-Wochen-Kurs beruht auf Forschungen an der Harvard Medical School und einer Form der Meditation, die von einer Schule des Buddhismus praktiziert wird.

Es ist keine Therapie, sondern ein mentales Training, das nachweislich hilft, ein positives Gefühl gegenüber sich selbst zu entwickeln. Manche Übungen schulen eher die Achtsamkeit, andere den Geist, wieder andere die Wahrnehmung körperlicher Regungen. Teilnehmer sollen die Fertigkeit kultivieren, in schwierigen Momenten des Lebens sich selbst mit Güte, Fürsorge und Verständnis zu begegnen, geduldig, wohlwollend, ja, liebevoll.

Und auf diese Weise die inneren Stimmen miteinander versöhnen •

»Es tut mir furchtbar leid«

»Das weiß ich!«

Verrat am Freund

Hartmut Rosinger, 71

Weil ich an den Sozialismus glaubte, habe ich mich zu DDR-Zeiten mit der Stasi eingelassen und über Peter berichtet. Nach seiner Verhaftung habe ich das zutiefst bereut. Ich schäme mich bis heute dafür.

Peter Wulkau, 71

Hartmut hatte damals einfach ein anderes Wertesystem als ich – für ihn war ich der Feind. Dass er mich um Entschuldigung gebeten hat und sich seiner Verantwortung stellt, rechne ich ihm hoch an.

»Ich habe mich bewusst dem Leben zugewandt«

Von der Kraft, sich selbst zu verzeihen

Petra Hohn, 61

Carsten ist einfach gegangen. „Ihr seid tolle Eltern!", sagte er im letzten Telefonat. Am nächsten Tag gegen halb drei stand die Polizei vor unserer Tür; ein Spaziergänger hatte ihn an einem Waldsee gefunden, vergiftet mit den Abgasen seines Wagens.

Er war 18 Jahre alt.

Wie sehr wünschte ich mir einen Abschiedsbrief, in dem er seine Gründe nannte und uns von Schuld freisprach. Aber den gab es nicht. So suchte ich Schuldige: Wie hasste ich das Mädchen, das ihn verlassen hatte. Und seinen Chef, der ihn nach der Ausbildung nicht übernehmen wollte. Vor allem aber verachtete ich mich. Etwas musste ich falsch gemacht haben. In der Nachbarschaft hieß es, ich hätte ihn zu sehr verwöhnt, zu viel gearbeitet. Monatelang schlief, aß, trank ich kaum mehr. Genuss kam mir wie Verrat vor. Dann begriff ich: Du musst dir verzeihen, sonst richtest du dich zugrunde.

Ich habe mich bewusst dem Leben zugewandt, gearbeitet, Freunde getroffen, mich im Verein „Verwaiste Eltern" engagiert – um meinem Leben und auch Carstens Sterben einen Sinn zu geben. Wut und Schmerz kamen über Jahre immer wieder zurück. Dennoch veränderte sich etwas. Die Farben des Sees, an dem Carsten starb und zu dem ich regelmäßig fuhr, wurden heller. Verzeihen hat mir die Möglichkeit gegeben, wieder an mein Leben zu denken, nicht nur an Carstens Tod.

»Wirklich zu verzeihen fiel mir so schwer«
»Ich bin ihr dankbar dafür«

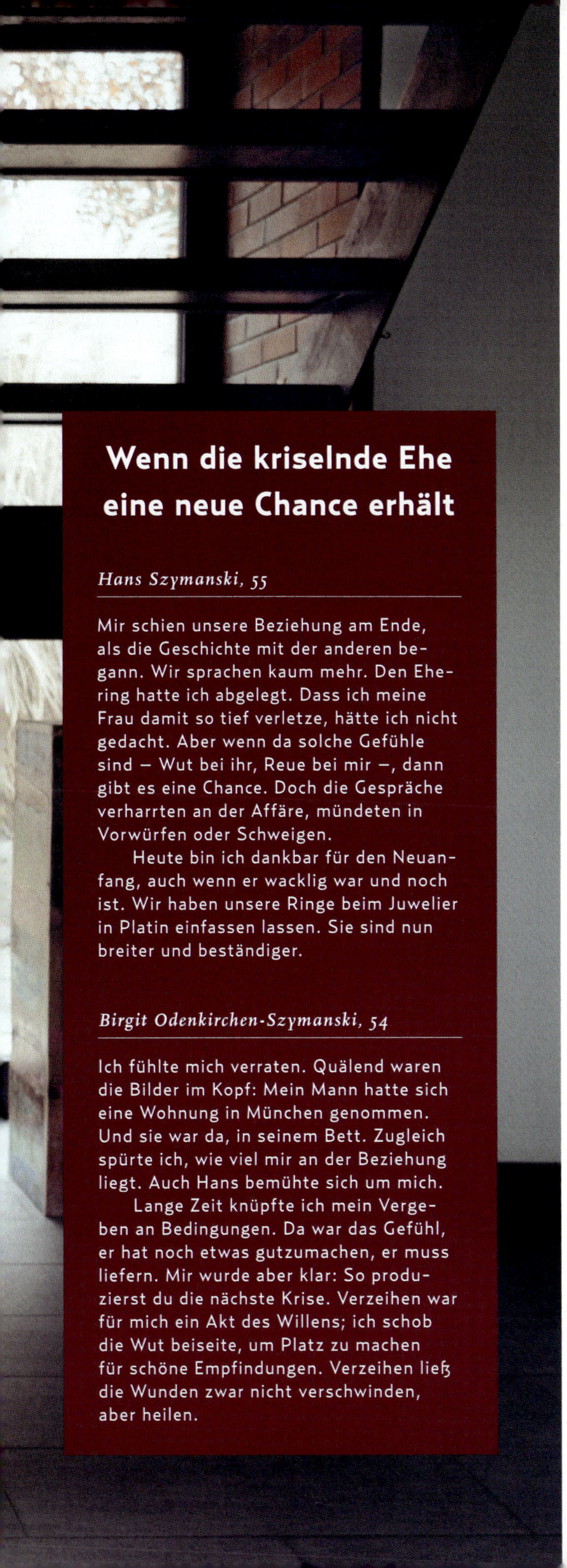

Wenn die kriselnde Ehe eine neue Chance erhält

Hans Szymanski, 55

Mir schien unsere Beziehung am Ende, als die Geschichte mit der anderen begann. Wir sprachen kaum mehr. Den Ehering hatte ich abgelegt. Dass ich meine Frau damit so tief verletze, hätte ich nicht gedacht. Aber wenn da solche Gefühle sind – Wut bei ihr, Reue bei mir –, dann gibt es eine Chance. Doch die Gespräche verharrten an der Affäre, mündeten in Vorwürfen oder Schweigen.

Heute bin ich dankbar für den Neuanfang, auch wenn er wacklig war und noch ist. Wir haben unsere Ringe beim Juwelier in Platin einfassen lassen. Sie sind nun breiter und beständiger.

Birgit Odenkirchen-Szymanski, 54

Ich fühlte mich verraten. Quälend waren die Bilder im Kopf: Mein Mann hatte sich eine Wohnung in München genommen. Und sie war da, in seinem Bett. Zugleich spürte ich, wie viel mir an der Beziehung liegt. Auch Hans bemühte sich um mich.

Lange Zeit knüpfte ich mein Vergeben an Bedingungen. Da war das Gefühl, er hat noch etwas gutzumachen, er muss liefern. Mir wurde aber klar: So produzierst du die nächste Krise. Verzeihen war für mich ein Akt des Willens; ich schob die Wut beiseite, um Platz zu machen für schöne Empfindungen. Verzeihen ließ die Wunden zwar nicht verschwinden, aber heilen.

Everett Worthington kennt sich aus mit dem, was Menschen einander antun. Als Paartherapeut weiß er um die zerstörerische Wucht gegenseitiger Verletzungen, von Verrat und Gewalt. Das hatte den Psychologen der Virginia Commonwealth University veranlasst, eine bis dahin kaum untersuchte Gabe des Menschen zu erforschen: die Kunst des Verzeihens. Er hatte wissenschaftliche Studien verfasst und das Manuskript für das erste Buch zum Thema vorangetrieben, Arbeitstitel: „Vergeben ist menschlich".

Da wurde seine Mutter auf grauenhafte Weise ermordet.

Sein Bruder Michael fand die Leiche der 76-Jährigen am Neujahrsmorgen 1996 in dem kleinen Haus in Knoxville, Tennessee, wo sie beinahe ihr ganzes Leben verbracht hatte. Sie lag vor ihrem Schlafzimmer, zwei große Blutlachen um Kopf und Hüfte. Der Täter hatte ihr mit einer Brechstange auf den Rücken, den Schädel und ins Gesicht geschlagen und sie dann mit einer Weinflasche vergewaltigt.

Und als wäre das noch nicht fürchterlich genug, hatte Michael, als er das Haus betrat, nichtsahnend seinen kleinen Sohn an der Hand. Er konnte ihm nicht schnell genug die Augen verdecken. Michael rief die Polizei und dann seine Geschwister Kathy und Everett, die voller Schrecken den Tatort besichtigten: die Wände im Flur blutbespritzt, die Zimmer verwüstet, aufgeschlitzte Kissen, umgestürzte Schränke, Familienfotos hinter zerbrochenem Glas. Den Anblick könne er niemals mehr vergessen, sagt Everett Worthington heute, mehr als 20 Jahre danach.

Nachts saßen die drei Geschwister zusammen, betäubt vom Unfassbaren, als Everetts Blick auf einen Baseballschläger an der Wand fiel und sein Entsetzen in Zorn umschlug: „Ich würde dem Kerl auf der Stelle das Hirn herausschlagen", sagte er, „keine halbe Stunde würde er leben." Sein Bruder sagte: „Bei mir wäre er schon nach zehn Minuten tot." Kathy sagte: „Ich würde ihn langsam zu Tode quälen."

Noch heute ist Everett Worthington anzumerken, wie ihn die Erinnerung quält, auch wenn, so sagt der inzwischen selbst über 70-Jährige, die Zeit ihr die schärfsten Kanten genommen habe. Die Wut von damals aber, der brennende Wunsch nach Rache – sie hätten sich vollständig aufgelöst.

Noch in jener Nacht sei ihm bewusst geworden, welch finstere Richtung er gerade eingeschlagen hatte: „Plötzlich ging mir auf, dass ich nicht ein einziges Mal an das gedacht hatte, womit ich mich doch seit Jahren beschäftigte. Was ist all das Gerede von Vergebung wert, wenn mir selbst nichts Besseres einfällt, als nach Vergeltung zu schreien? Wessen Herz ist schwärzer: das des Täters oder meines?" Dieser

Wechsel der Perspektive habe ihm geholfen: „Es war eine gewaltige Erleichterung."

Als sich die Geschwister ein paar Wochen später wiedersahen, stellten sie fest, dass sie unabhängig voneinander zum selben Ergebnis gekommen waren: Auch Michael und Kathy hatten beschlossen, dem Mörder ihrer Mutter zu vergeben.

Unvorstellbar? Vielleicht. Unmöglich? Keineswegs.

Menschen sind in der Lage, selbst denjenigen zu verzeihen, die ihnen das Liebste genommen oder schlimmste Qualen zugefügt haben. Beispiele aus der ganzen Welt legen eindrucksvoll Zeugnis davon ab: Da ist etwa die Amerikanerin Marietta Jaeger, die dem Mann vergab, der 1973 ihre siebenjährige Tochter Susan kidnappte und ermordete. Seit mehr als 40 Jahren kämpft sie zusammen mit anderen Gewaltopfern und Hinterbliebenen für die Abschaffung der Todesstrafe.

Oder Kemal Pervanić aus Bosnien, der 1992 mit seinem Bruder in das berüchtigte Gefangenenlager Omarska verschleppt wurde, weil er Muslim war. Dort musste er mit ansehen, wie Menschen gefoltert und geradezu abgeschlachtet wurden. Unter den Peinigern erkannte er Nachbarn aus seinem Heimatdorf, einen seiner Lehrer und einen ehemaligen Mitschüler. Jahre später war Pervanić in der Lage, ihnen zu vergeben – der Hass hätte ihn sonst vergiftet und ihre grauenvolle Arbeit vollendet, sagt der heute 52-Jährige.

Oder die Israelin Robi Damelin, die ihren Sohn im Jahr 2002 durch einen palästinensischen Scharfschützen verlor. „Nehmt keine Rache in seinem Namen", bat sie, als Militärvertreter ihr die Nachricht überbrachten. Später erfuhr sie, dass der Schütze als Kind miterlebt hatte, wie Israelis seinen Onkel ermordeten, dessen Tod er nun als Erwachsener sühnen wollte. Seitdem engagiert sich Damelin in der Organisation „The Parents Circle Families Forum" für Versöhnung und Frieden – gemeinsam mit Palästinensern und anderen Israelis, deren Kinder im Konflikt ums Leben kamen.

Wie gelingt es diesen Menschen, trotz ihres Schicksals derart großmütig zu sein? Studien zeigen: Sie tun damit nicht etwa den Tätern den größten Gefallen, sondern sich selbst. Weil sie sich von einer Last befreien, die der Gesundheit schadet, körperlich ebenso wie seelisch. Und weil sie den Rest ihres Lebens in größerem Frieden verbringen.

Die Wissenschaft vom Verzeihen ist eine junge Disziplin. Systematisch geforscht wird erst seit 30 Jahren, vor allem in den USA, wo die „Science of Forgiveness" inzwischen fest etabliert ist. Psychologen, Mediziner, Hirnforscher und Soziologen untersuchen das Phänomen aus verschiedenen Blickwinkeln – und kommen zu ähnlichen Resultaten. „Wer vergeben kann, ist emotional stabiler und körperlich gesünder", sagt Robert Enright, Professor für Erziehungspsychologie an der Universität von Wisconsin. „Das ist kein Wunschdenken oder esoterischer Hokuspokus, sondern wissenschaftlich nachweisbar."

Einen der ersten Hinweise gab eine 1996 veröffentlichte Studie mit Frauen, die als Kind von einem männlichen

Was es braucht, einem Mörder zu vergeben

Everett Worthington, 72

Anfangs wollte ich den Mörder meiner Mutter am liebsten eigenhändig umbringen. Dann erschrak ich über mich selbst: Dieser Hass konnte doch nicht die Antwort sein! Wessen Herz war schwärzer: das des Täters oder meines? Noch am selben Tag habe ich ihm vergeben.

»Was ist all das Gerede wert, wenn mir selbst nichts Besseres einfällt, als nach Vergeltung zu schreien?«

»Das Verzeihen hat mich befreit«

Im Monster einen Menschen erkennen

Gisela Mayer, 60

Zehn Tage nach dem Amoklauf gab es in Winnenden einen Trauergottesdienst. Als der Pfarrer bat, auch für den Täter eine Kerze zu entzünden, als Zeichen der Vergebung, schüttelte es mich. Unmöglich erschien es mir. Monatelang vermied ich den Gedanken an ihn. Jedes Mal, wenn ich mir diesen Menschen vorstellte, der meine Nina getötet hatte, schoss unerträgliche Wut in mir hoch. Erst nach etwa zwei Jahren wich das Verdrängen dem Wunsch, verstehen zu wollen: wer der Täter war, warum er zum Mörder wurde.

Ich besorgte mir zugängliche Unterlagen, suchte Kontakt zu seinen Freunden, bat seine Eltern um ein Gespräch; sie lehnten ab. Langsam ergab sich ein Bild des Täters. Aus dem Monster wurde ein Mensch: der 17-jährige Tim, ein armseliger, tief unglücklicher Junge, der in seiner Hilflosigkeit zu hassen und zu töten begann.

Als ich das verstand, nahm das Verzeihen seinen Anfang, wie von allein. Ich habe mich nicht dafür entschieden. Das Gefühl hat sich mit dem Verstehen eingestellt. Ich empfinde es als Gnade, das Verzeihen hat mich befreit.

Was ich schwer akzeptieren kann, ist die Verweigerung von Tims Eltern, uns Angehörigen der Opfer zu begegnen. Ich verstehe, dass es schwer ist – aber das ist es für uns alle. Die Offenheit der Eltern wäre hilfreich. Vielleicht auch für sie selbst.

Familienmitglied sexuell missbraucht wurden. Enright und seine Kollegin Suzanne Freedman konnten zeigen, dass die Opfer die traumatischen Erfahrungen besser verarbeiteten, wenn sie mit therapeutischer Hilfe lernten, dem Täter zu vergeben: Die eine Hälfte der Betroffenen erhielt wöchentlich eine Einzeltherapiestunde, die andere hatte nur alle vier Wochen oberflächlich Kontakt zu einem der Studienleiter. Während der Therapie lernten die Frauen, sich in die Täter einzufühlen und ihnen zu verzeihen.

Im Schnitt brauchten sie gut 14 Monate, um an diesen Punkt zu kommen. Ihre Wunden waren damit zwar nicht weg, aber sie begannen zu heilen: Die therapierten Frauen waren weniger depressiv und ängstlich als die untherapierten. Selbstwertgefühl und Zuversicht waren bei ihnen deutlich gestiegen. „Es klingt erst einmal absurd und unlogisch“, gesteht Enright ein, „schließlich handelt es sich um ein Verbrechen, das nicht zu entschuldigen ist. Doch hier geht es nicht um den Täter – dessen Schuld steht außer Frage –, sondern um die Heilung des Opfers. Und die ist mit Bitterkeit, Hass oder dem Wunsch nach Rache nicht zu erreichen.“

Verzeihen ist ein verwirrender Prozess. Er bedeutet eben nicht, das Unrecht, das einem angetan wurde, zu vergessen, zu beschönigen oder zu entschuldigen. Vielmehr geht es darum, die Macht der bösen Tat zu brechen und durch einen scheinbar widersinnigen Schachzug die Kontrolle über das eigene Leben zurückzugewinnen. „Statt zu verurteilen, übt man sich in Nachsicht und Verständnis, auch wenn derjenige, der uns verletzt hat, es überhaupt nicht verdient“, sagt Robert Enright. „Das ist paradox, aber es funktioniert!“

Der erste Nutznießer dieses heilsamen Paradoxons ist der Körper. Wer seelisch verletzt wurde, neigt dazu, Wut und Schmerz zu verdrängen – aus Scham oder Rücksicht gegenüber der Umwelt. Beeinträchtigen solch unterdrückte Gefühle die Gesundheit? Und wäre Verzeihen ein Heilmittel?

Diese Fragen stellte sich ein Team von Wissenschaftlern um Robert Enright für eine 2009 publizierte Studie. Sie betrachteten die Herzen von Männern im Alter zwischen 21 und 79 Jahren, die an Durchblutungsstörungen der Herzkranzgefäße litten. Gut belegt ist: Andauernder emotionaler Stress, insbesondere Ärger, greift selbst bei gesunden Menschen das Herz an. Die Forscher wollten herausfinden, ob Verzeihen ein Mittel sein könne, die Schäden zu mildern.

Sie wählten ein raffiniertes Studiendesign: Jeder der Männer musste von einem Erlebnis berichten können, bei dem ihn ein anderer Mensch seelisch verletzt hatte und das ihm noch immer tief reichende Probleme bereitete. Dieses Ereignis sollten sie in sämtlichen Einzelheiten schildern. Unmittelbar danach wurde bei den Männern mittels eines bildgebenden Verfahrens die Blutversorgung des Herzmuskelgewebes gemessen. Am eigentlichen Experiment nahmen sodann nur jene Probanden teil, die auf das erneute Durchleben der Verletzung mit einer Verschlechterung des Blutflusses reagiert hatten.

Die eine Hälfte von ihnen absolvierte ein von Enright konzipiertes Programm zum Üben von Vergebung, die andere nur eine allgemeine psychologische Beratung für Patienten mit koronarer Herzkrankheit. Im Anschluss an die Intervention und im Abstand von zehn Wochen wurde der Test erneut durchgeführt, und siehe da: Wenn die nunmehr geübten Vergeber sich abermals das verletzende Ereignis vergegenwärtigten, verschlechterten sich der Blutfluss in den Koronararterien und die Sauerstoffversorgung des Herzens in deutlich geringerem Maße. Die Männer hatten gelernt, die Erinnerung als weniger schmerzhaft zu empfinden – und damit ihr Herz gesünder gemacht.

Eines der Hauptprobleme seelischer Verwundungen: Sie wirken über lange Zeit. Wer verletzt nicht vergeben kann, steckt oft für viele Jahre in einem Gewirr aus Grübelei, Zorn, Schuldzuweisung, Depression. Wissenschaftler erachten *unforgivingness* – die mangelnde Bereitschaft zur Vergebung – als chronischen Stressfaktor, der die körperliche und mentale Gesundheit auf Dauer massiv beeinträchtigt: durch Bluthochdruck, Schlafstörungen, Nervosität und Ängstlichkeit.

Ein Experiment am Hope College in Holland, Michigan, war eines der ersten, die die enge Kopplung von Groll und Gesundheit belegten: Als die Probanden an jemanden denken sollten, der sie verletzt hatte, und sich dabei gezielt vorstellten, wie sie den erlittenen Schmerz verinnerlichen oder ihren fortgesetzten Ärger hegen, reagierte ihr Körper wie unter starkem Stress. Ihr Puls beschleunigte sich, der Blutdruck stieg, Muskelspannung und Schweißproduktion nahmen zu. Zudem beschrieben die Teilnehmer ihr Empfinden als wütend, traurig, ängstlich und ohnmächtig. Als sie hingegen aufgefordert wurden, sich vorzustellen, wie sie sich in den anderen einfühlen oder ihm vergeben, fiel der Aufruhr in Körper und Gemüt erheblich geringer aus.

Bei einer Studie maß Worthington die Werte des Stresshormons Kortisol im Speichel der Teilnehmer, nachdem diese für fünf Minuten an typische Szenen in ihrer Partnerschaft gedacht hatten. Besonders stark schoss der Kortisolspiegel in die Höhe bei jenen Probanden, die unglücklich mit ihrer Beziehung waren, zudem war tendenziell die geringe Neigung zu verzeihen mit einer heftigen Stressreaktion verknüpft. Offenbar gibt es also einen Zusammenhang zwischen der Bereitschaft, dem Partner gegenüber nachsichtig zu sein, der Qualität der Beziehung und der Stressbelastung des Körpers. Auch andere Untersuchungen legen das nahe.

Das Gift seelischer Verletzungen entfaltet seine Wirkung im Verborgenen und über lange Zeit. Oft sind persönliche Probleme und Konflikte das Ergebnis unverdauter Kränkungen, die lange zurückliegen und von den Betroffenen meist gar nicht als solche erkannt und mit ihren aktuellen Schwierigkeiten in Verbindung gebracht werden.

Vor allem in den USA üben daher viele Therapeuten mit ihren Klienten gezielt das Verzeihen. Sie arbeiten dabei mit speziellen, von Psychologen entwickelten Therapieprogrammen. Eines davon stammt von Robert Enright. Es besteht aus 20 Stufen, die sich grob in vier Phasen gliedern lassen:

Erfahrungen: Wir sind nicht dazu verdammt, in der Ohnmacht unseres Leids zu verharren. Die heilsame Kraft des Verzeihens kann vielen helfen: Kindern von Alkoholikern ebenso wie an Krebs erkrankten Frauen; Männern, deren Frauen gegen ihren Willen abgetrieben haben, ebenso wie Gefängnisinsassen, Drogenabhängigen, Opfern von Missbrauch, Angestellten, die in ihrem Job leiden.

Aber auch vermeintliche Kleinigkeiten wirken oft wie Gift und bedürfen der Vergebung. Alltägliche Unaufmerksamkeiten und Missverständnisse können sich mit der Zeit zu chronischem Unmut addieren, wenn es nicht gelingt, sie als normale Begleiterscheinung des menschlichen Miteinanders zu sehen. Die Qualität einer Beziehung, gleich welcher Art, steht und fällt mit der Bereitschaft, Fehler zu verzeihen.

Das klingt nach Weihnachtspredigt, ist aber bestens belegt. Was Wissenschaftler in drei Jahrzehnten zusammengetragen haben, liest sich wie ein donnerndes Plädoyer für all jene Tugenden, von denen Weise und Religionsstifter sprechen: Wohlwollen, Empathie, Güte, Barmherzigkeit. Ein Plädoyer für das Gute in uns.

In den USA zweifelt kaum jemand mehr an der Relevanz des Themas, auch für die Wissenschaft. In Deutschland aber führt es noch ein Schattendasein. Dabei gäbe es gerade hier reichlich Bedarf: Zwei Diktaturen haben tiefe Wunden geschlagen und eine große Zahl Traumatisierter und seelisch Verletzter hinterlassen. Die Folgen von Verrat, Doppelmoral und eisernem Schweigen in der DDR belasten bis heute die Beziehungen von Nachbarn und Verwandten, von Kollegen und Freunden, von Eltern und Kindern.

Offenbar fällt es vielen von uns leichter, anderen zu vergeben, als sich selbst zu verzeihen

Peter Wulkau hätte allen Grund, nie wieder ein Wort mit Hartmut Rosinger zu wechseln. Wulkau hielt ihn für einen Freund, bis er 1991 entdeckte, dass Rosinger ihn jahrelang bespitzelt und an die Stasi verraten hatte. Nun wusste Wulkau, wer mit dazu beigetragen hatte, dass er 1978 zu viereinhalb Jahren Gefängnis verurteilt wurde.

Dass die beiden wieder miteinander reden, ist ein Wunder – und eine große Ausnahme: Nach dem Ende der DDR haben die meisten Spitzel und Funktionäre des Unrechtssystems geschwiegen. Von den 39 inoffiziellen Mitarbeitern (IM) der Staatssicherheit, die auf Wulkau angesetzt waren, hat sich allein Rosinger gemeldet und um Entschuldigung gebeten.

Dass ausgerechnet Rosinger zu den IM gehörte, hätte Wulkau nie vermutet. Schließlich hatte er ihn 1973 in der freien Atmosphäre der Evangelischen Studentengemeinde Magdeburg als einen kritischen Geist kennengelernt, der dem Sozialismus ähnlich skeptisch gegenüberstand wie er selbst.

Wütend sei er nicht gewesen, als er den Namen in der Akte fand, sagt Wulkau. „Nur traurig, sehr traurig." Als Rosinger ihn anrief und um ein Treffen bat, habe Wulkau zunächst gedacht, es ginge dem anderen nur darum, einen Persilschein zu bekommen, um besser dazustehen. Bei ihrer ersten Begegnung sei er daher reserviert gewesen.

Rosingers Reue erleichterte es Wulkau, den Verrat zu verzeihen. Ohne sie wäre es wohl bei dem einen Treffen geblieben, so aber war Wulkau bereit, sich auf die vorsichtige Wiederannäherung einzulassen.

Seit 2006 beteiligen sich beide als Zeitzeugen an Schulprojekten der Thüringer Landesbeauftragten für die Stasi-Unterlagen. 2011 entstand zudem ein Dokumentarfilm über ihren Fall. „Mit der Zeit habe ich gemerkt, dass es Hartmut wirklich ernst ist, vor allem mit sich selbst", so Wulkau. „Das habe ich ihm hoch angerechnet." Rosinger lächelt kurz. Er ist dankbar für solche Sätze. Immer wieder. Wenn er aber die Akten sehe, die Berichte, die er seinem Führungsoffizier damals auftragsgemäß lieferte, sei es kaum zu ertragen, sagt er. „Ich kann nicht glauben, dass ich das war!"

Unter dem Eindruck von Wulkaus Verhaftung und seiner Beteiligung daran hat Rosinger noch zu DDR-Zeiten sein Leben umgekrempelt und sich von der Stasi losgesagt. Er hat Tränen in den Augen, wenn er davon erzählt. „Es tut mir leid", sagt er zu Wulkau gewandt – wie schon so oft. „Das weiß ich", sagt der. „Es ist die Tragik unseres Lebens, dass wir nichts zurückdrehen können."

Er hege keinen Groll, sagt Wulkau, und ja, natürlich habe er Rosinger verziehen. „Hartmut hatte einfach ein anderes Wertesystem. Für ihn war ich der Feind, und damit lag er schließlich voll auf der Linie dessen, was in der DDR damals als richtig galt. Es gibt keine absolute Ethik oder Moral."

Als durch den Film Rosingers Vergangenheit als Stasi-IM in seinem Thüringer Wohnort bekannt wurde, bekundeten ihm viele Respekt für seinen Mut, sich zu offenbaren. Doch er bekam auch Drohanrufe, wurde geschnitten und angefeindet. „Das war hart", sagt er, schüttelt jedoch sofort den Kopf: bloß kein Mitleid.

Ja, die Stasi habe sich damals seine Unsicherheit zunutze gemacht, aber als Opfer will er sich nicht sehen: „Was immer ich zu meiner Entlastung vorbringen könnte, wird sofort geschluckt von der Schuld, die ich auf mich geladen habe, als ich mich mit der Stasi einließ."

Die Seelenqual des reuigen Täters ist die Gegenperspektive zum Schmerz des Opfers: Wer einen Menschen verletzt hat, kämpft oftmals selbst dann noch mit Gewissensbissen, wenn der Betroffene ihm längst vergeben hat. Mit sich selber Frieden zu schließen ist für viele das Schwerste überhaupt.

Besonders schmerzlich wird es, wenn sich die Dinge nicht mehr klären oder wiedergutmachen lassen, weil der andere nicht mehr am Leben ist und man allein ist mit sich und der quälenden Gedankenschlaufe aus „hätte ich doch bloß“ und „wie konnte ich nur“.

Diese Tortur musste auch Everett Worthington erleben. Als wäre der Mord an seiner Mutter nicht Schicksal genug für ein Leben, traf ihn zehn Jahre später ein weiterer Schlag: Sein Bruder Michael beging im Jahr 2006 Selbstmord. Er hätte es ahnen können, sagt Worthington kopfschüttelnd, sein Bruder hatte sich ihm ja anvertraut: Er bekomme die Bilder jener Nacht nicht aus dem Kopf, das Blut, das zertrümmerte Gesicht der Mutter. Als Psychologe fiel Worthington die Diagnose leicht: posttraumatisches Stresssyndrom. Er brauche Hilfe, riet er, aber Michael wehrte ab: „Ich gehe nicht zu einem verdammten Seelenklempner!“

Menschen erzielen umso größere Fortschritte beim Verzeihen, je länger sie sich darum bemühen

Everett Worthington holt tief Luft, wie um den Schmerz zu vertreiben. Die nächsten Sätze schreit er fast: „Ich bin doch selbst so ein verdammter Seelenklempner! Ich erkenne Abwehrreaktionen, wenn ich sie sehe. Normalerweise gebe ich den Leuten dann etwas Zeit und frage ein, zwei Wochen später wieder nach.“ Bei Michael aber tat er nichts dergleichen. „Stattdessen habe ich mich wie ein beleidigter, hormongesteuerter 18-Jähriger benommen und das Thema nie wieder angesprochen.“

Drei Monate später war Michael tot. Everett Worthington brauchte Jahre, um einigermaßen mit sich ins Reine zu kommen. Er war dankbar, dass ihn Michael in einem Abschiedsbrief gebeten hatte, der Witwe zu helfen und die finanziellen Familienangelegenheiten zu regeln. Sein Versäumnis vermochte er so zumindest teilweise wiedergutzumachen. Den härtesten Teil der Arbeit aber musste er mit sich selbst ausmachen, sagt er: die Verhandlung vor dem inneren Richter.

Bisher befassen sich nur wenige Studien mit Selbstversöhnung. Es gibt Hinweise, dass die Ungnade sich selbst gegenüber ähnlich zerstörerische Spuren in Körper und Seele hinterlässt wie der Unwille, anderen zu vergeben.

Einiges spricht dafür, dass es uns noch schwerer fällt, uns selbst zu vergeben als anderen – vielleicht auch deshalb, weil wir dafür einem Teil von uns Adieu sagen müssen.

„Wir müssen akzeptieren, dass es offensichtlich Seiten an uns gibt, die uns nicht so lieb sind“, sagt die Freiburger Psychologin Friederike von Tiedemann. „Auch wenn es nicht unsere Absicht war: Spätestens wenn wir jemandem Leid zugefügt haben, ist es Zeit zu erkennen, dass wir nicht schuldlos durchs Leben kommen.“ Dieser Gedanke verbindet Schuld, Reue und Verzeihen. Alle drei verlangen von uns, Veränderungen an unserem Selbstbild vorzunehmen: Wer Schuld auf sich lädt, muss lernen, sich als Täter zu sehen; wer bereut, muss lernen, sich selbst gegenüber gnädig zu sein; und wer verzeiht, muss über sich hinauswachsen.

All das zeigt sich besonders in Liebesbeziehungen. Sie verlaufen selten ohne Kränkungen. Auch kleine Unachtsamkeiten ersticken, wenn sie sich häufen, das Glück. Meist beharren die Partner jedoch auf ihrer Sicht der Dinge. „Zerstrittene Paare kreisen meist nur noch um ihre Verletzungen“, sagt Friederike von Tiedemann. „Dass sie aktiv Frieden schaffen könnten, kommt ihnen oft gar nicht in den Sinn.“

Genau dort beginnt Versöhnen. Egal, ob es sich um einen Konflikt unter Freunden, Ehepartnern, Familienmitgliedern oder Arbeitskollegen handelt: Im Kern geht es darum, anzuerkennen, dass die Wirklichkeit eines anderen nicht immer mit der eigenen übereinstimmt, dieselbe Situation also ganz unterschiedlich erlebt werden kann.

„Der Versöhnungsprozess verlangt beiden Partnern eine Veränderung ab“, sagt die Psychologin: „Derjenige, der verletzt hat, übernimmt die Verantwortung für die Wirkung seines Tuns, auch wenn er die Reaktion des anderen übertrieben findet. Im Gegenzug verwandelt sich der oder die Verletzte von einer verärgerten in eine nachsichtige Person.“

Beschleunigen lässt sich der Vorgang nicht – die Seele braucht Zeit, um die widerstreitenden Gefühle zu verdauen. Doch Geduld und Anstrengung zahlen sich aus: Eine Metastudie in den USA ergab, dass Menschen umso größere Fortschritte beim Verzeihen machen, je länger sie sich darum bemühen. Welches der erprobten Modelle sie anwenden, spielt hingegen keine Rolle – alle sind etwa gleich effektiv.

Mit sich und anderen ins Reine zu kommen ist in den meisten Fällen nichts, was sich von selbst einstellt, sondern eine bewusste Entscheidung. Und auch hier stößt man wieder auf eine Paradoxie des Verzeihens: Es erfordert einen veränderten Blick auf das Vergangene. Ein treffendes Zitat unbekannter Herkunft fasst es so: „Verzeihen bedeutet, alle Hoffnung auf eine bessere Vergangenheit aufzugeben.“

Manchmal, erzählt Friederike von Tiedemann, genüge es schon, Klienten die Frage zu stellen, wie lange sie noch leiden und ihrem Partner oder Verflossenen böse sein wollen: einen Monat? Ein Jahr? Zehn Jahre? So rückt in die Aufmerksamkeit, was zwischen Zorn und Schmerz leicht in Vergessenheit gerät – das vielleicht stärkste Argument für Vergebung: die Endlichkeit unseres Lebens •

Enthemmte Wut
Die Anonymität etwa in Chat-Foren lässt viele Menschen weit unbarmherziger reagieren als in der analogen Welt

Zoff im Netz

Text: **Katharina von Ruschkowski**

Illustrationen: **Miguel Montaner**

Nie zuvor waren wir so kompetent im Streiten wie heute. Nur im Internet scheinen **Hetze, Hass und Häme** keine Grenzen zu kennen. Warum ist das so? Und was lässt sich dagegen tun?

Tina Velo ist es gewohnt, nicht von allen gemocht zu werden. Als Umweltaktivistin hat sie für das Ende des Kohleabbaus gekämpft und sich mit der Autoindustrie angelegt, deren große Wagen sie als „absolute Klimakiller“ bezeichnet. Im Herbst 2019 trifft sie sich zum Streitgespräch mit einem mächtigen Automanager. Sie stellt sich vor einer Automesse den Fans PS-starker Wagen in den Weg, setzt sich in eine Fernseh-Talkshow. Wie Salven fliegen die Argumente hin und her.

Tina Velo streitet gern über Politik. Aber doch nicht so: Ihr TV-Auftritt ist noch nicht vorüber, da beginnen bereits die Beschimpfungen. Hunderte Hass-Mails lassen bald ihr E-Mail-Konto überquellen. Auch in den sozialen Netzwerken drischt man auf sie ein.

Velo, die für ihre Arbeit als Aktivistin ihr Pseudonym nutzt, wird die kommenden Tage damit zubringen, die Nachrichten nach Argumenten abzusuchen, auf die sie eingehen könnte. Doch sie findet kaum welche. Die meisten Posts und E-Mails enthalten keine Widerrede gegen ihre radikale Position, sondern allein abscheuliche, frauenfeindliche Beleidigungen, sogar Mord- und Vergewaltigungsfantasien, detailreich und mitleidlos. Sätze, die ihr niemand je ins Gesicht sagen würde. Wie passt das eigentlich zusammen?

Nie zuvor, bestätigen Wissenschaftler, war unsere Kommunikations- und Konfliktkompetenz höher. Schon Kinder lernen heute, ihren Standpunkt zu verteidigen, die Gegenrede anzuhören und auszuhalten. Bloß: Bewegen wir uns im Internet, scheinen die Regeln guten Streitens und Miteinanders im Nu in Vergessenheit zu geraten.

In Foren, Chats und Blogs wird oft schamlos getobt und getadelt. Und wenn sich ein Vorwurf erst weit genug im Netz verbreitet hat, gibt es keine Diskussion, niemanden mehr, der sich dagegen aussprechen würde – nur noch Hass und Empörung. „Online Disinhibition Effect“ hat der US-amerikanische Psychologe John Suler dieses Phänomen genannt, frei übersetzt: Das Netz enthemmt.

Dieser Effekt macht inzwischen vielen Menschen zu schaffen. Denn wer chattet, bloggt oder die Kommentarspalten von Online-Medien nutzt, stößt mittlerweile fast zwangsläufig auf Hetze und Häme. Vier von fünf Befragten gaben 2018 in einer Forsa-Untersuchung für die Landesmedienanstalt Nordrhein-Westfalen an, schon einmal Hassrede oder Hasskommentare im Netz wahrgenommen zu haben; von den jüngeren Usern beinahe jeder. (Die Zahlen sind dabei höher als bei gleichartigen Befragungen in den Jahren zuvor.)

Und immerhin jeder zwölfte Internetnutzer in Deutschland, so eine von der Polit-Organisation Campact beauftragte repräsentative Untersuchung aus dem Jahr 2019, ist schon einmal selbst im Netz zum Opfer von Hassrede geworden. Am häufigsten sind Menschen mit Migrationshintergrund Zielscheibe der Hetzer. Und überdurchschnittlich oft auch Frauen – erst recht, wenn sie wie Tina Velo eine provokante Meinung vertreten. Manchmal genügt es aber schon, die

Fast jeder Zweite hält sich inzwischen lieber aus Online-Diskussionen heraus – **aus Angst, selber zur Zielscheibe** hasserfüllter Angreifer zu werden

Skrupellose Drohungen
Anstelle von Argumenten tauschen viele im Netz eher wüste Beschimpfungen aus – bis hin zu Mordfantasien

falsche Uhr zu tragen, um zum Hassobjekt zu werden. Oder ein vermeintlich anstößiges Forschungsthema zu bearbeiten.

Erst vor Kurzem wurde eine Kulturwissenschaftlerin, die an der Freien Universität Berlin ein Seminar über Pornografie in den USA angekündigt hatte, verächtlich beschimpft. Tausende, zumeist rechtsgerichtete Twitter-Nutzer wünschten sie zur Hölle.

Es sind Sätze, die nicht nur dem einzelnen Betroffenen schaden, ihn verängstigen und einschüchtern. Die Hetze im Netz zersetzt die gesamte digitale Konfliktkultur. In der Campact-Untersuchung gab mehr als jeder zweite Befragte an, sich im Internet eher bedeckt zu halten, was die eigenen politischen Ansichten angeht, und fast ebenso viele bekundeten, sich mittlerweile lieber aus Online-Diskussionen herauszuhalten – aus Angst, Hass und Häme könnte sich auch gegen sie selbst richten. Viele meiden die Online-Debatten zunehmend und überlassen so die Chats und Foren den Hetzern, die dort den Ton bestimmen und verschärfen. Ausgerechnet im Netz, das doch alle verbinden sollte, werden dadurch mittlerweile ganze Teile der Gesellschaft ausgegrenzt.

Aber warum haben die Hetzer so leichtes Spiel? Haben wir verlernt, dagegenzuhalten, zu streiten?

Romy Jaster beschäftigt diese Frage schon seit Jahren. Die promovierte Philosophin, als Wissenschaftlerin tätig an der Berliner Humboldt-Universität, schätzt das faire Ringen ums beste Argument. Erschrocken beobachtete sie die Diskussionen über den Brexit: Wie dessen Gegner und Befürworter sich permanent anbrüllten, wie sie die Wahrheit bogen, nur um Recht zu behalten, wie die Streitigkeiten Großbritannien spalteten.

Romy Jaster wollte verhindern, dass so etwas auch Deutschland passiert. Darum gründete sie im Januar 2018 mit ihrem Kollegen David Lanius das „Forum für Streitkultur", ein Denklabor, um darin die Regeln guten Streits zu erforschen – und in Workshops weiterzugeben.

Dass Streitigkeiten im Netz so schnell eskalieren und tiefe Gräben zwischen Gruppen zurücklassen, hat für sie gleich mehrere Gründe:

• Erstens: Debatten im Netz folgen oft einer fatalen Logik. „Nicht das beste, sondern das schrillste und schroffste Argument bekommt die größte Beachtung", sagt Jaster. Soziale Netzwerke wie Facebook zeichneten gar „Top-Kommentatoren" aus, also jene, deren Kommentare besonders viele Likes und Antworten nach sich ziehen. Darum, glaubt Jaster, versteigen sich viele gern in harte Ansichten oder Anschuldigungen.

• Zweitens: Die anonyme Online-Kommunikation macht uns unbarmherzig. Treffen wir in der wahren Welt auf einen Menschen, der eine andere Meinung hat, nehmen wir reflexartig auch Gemeinsamkeiten wahr. Und wenn es nur die gleiche Haarfarbe ist. „Dies lässt uns beinahe automatisch Sympathie empfinden und zivilisiert Streitigkeiten", so Romy Jaster. Fehlt hingegen der Augenkontakt, setzen wir die unliebsame Position sofort mit der Person gleich und dreschen anstandslos auf sie ein.

• Drittens: Streit im Netz findet immer auf großer Bühne statt: Viele lesen mit, lauern auf die nächsten Fehler. Kaum jemand traut sich darum, auch mal ein Statement zurückzunehmen, sich zu entschuldigen oder zuzugeben, dass er eigentlich keine Meinung hat. Stattdessen folgen viele blind der Einstellung der Mehrheit, nur um sich zugehörig zu fühlen – vielleicht der stärkste Drang des Menschen überhaupt, sagen Soziologen.

• Viertens: Viele Netzformate sind nicht wirklich streittauglich, findet Romy Jaster. „Twitter-Meldungen etwa sind so kurz, dass man seine Meinung zwangsläufig zuspitzen muss." Das trage meist nicht zu einem ausbalancierten Urteil bei, sondern zu Skandalisierung und steter Empörung.

Was Romy Jaster beschreibt, deckt sich in so vielem mit den Erfahrungen, die Tina Velo macht, während der Shitstorm über sie hinwegfegt. Rasant nimmt die Zahl der Hass-Mails und -Postings zu.

Was Velo wundert: Ihre Handynummer ist im Internet, auf der Website ihrer Kampagne, veröffentlicht. Man könnte sie einfach anrufen, mit ihr diskutieren. „Aber an Dialog ist damals offenbar niemand interessiert", so die 33-Jährige. Es sind – was typisch ist – ausschließlich Männer, die verbal auf sie einprügeln. Sie fühlen sich, so scheint es Velo, stark. Und Velo. Aber viel wichtiger ist ihr: Sie will sich nicht kleinkriegen und nicht mundtot machen lassen, dann hätten die Hetzer ja erreicht, was sie wollten.

Nur wenige Tage nach dem Shitstorm wendet sie sich darum an HateAid, eine Berliner Organisation, die Opfern digitaler Gewalt zur Seite steht und ihnen hilft, die Täter zu ermitteln und zur Verantwortung zu ziehen. Denn ohne Unterstützung scheuen viele Opfer die Hürden und Kosten eines Prozesses. Täter wiegen sich auch deshalb in Sicherheit, sagt Anna-Lena von Hodenberg, die Geschäftsführerin von HateAid. „Aber wir müssen ihnen klarmachen, dass auch im Netz Recht und Regeln gelten. Und das erreicht man am besten, indem man einige vor Gericht bringt", so Hodenberg.

Wie kompliziert das allerdings ist, zeigt sich am prominentesten Fall von HateAid, der Grünen-Politikerin Renate Künast. Auch sie ist in den vergangenen Jahren wieder und wieder aufs Hässlichste beschimpft worden. Künast verklagte die Hetzer. Doch soziale Netzwerke wie Facebook müssen deren Identität nicht zwangsläufig preisgeben. Zudem entschied zunächst ein Gericht, dass sich Künast auch harte Beleidigungen gefallen lassen müsse – weil sie Politikerin sei

> Experten fordern mehr Zivilcourage im Netz:
> Denn während die Hetzer sich rasch zusammenrotten, stehen
> die **Opfer in der digitalen Welt** oft allein da

unangreifbar. Viele schreiben nicht einmal unter einem Pseudonym, sondern nutzen ihren echten Namen.

Manchen der Hetzer schreibt Tina Velo zurück. Bittet sie höflich, ihr keine hasserfüllten E-Mails mehr zu senden – die sie ohnehin nicht lesen, sondern direkt an ihre Anwälte weitergeben würde. Und wünscht den Männern noch, ihre Lebenszeit fortan mit schöneren Dingen zu verbringen, als unnötigen Hass zu verbreiten. Das wirkt. „Viele begreifen erst dann, dass ihr Handeln auch rechtliche Konsequenzen haben kann", sagt Tina

und es in der Politik bisweilen hoch hergehen könne.

Renate Künast hat sich (in Teilen erfolgreich) gegen das Urteil gewehrt – weil sie Angst habe. Nicht nur um sich selbst, sagt sie, sondern davor, dass die digitale Verrohung und Gewalt immer weiter in die wahre Welt überschwappt. Denn Worte bewirken Taten: Mit der Häme im Netz haben auch die Übergriffe etwa auf Politiker zugenommen. Sie werden bedroht, beschimpft, bespuckt – ganz real.

Um diese Entwicklung zu stoppen, wurde Anfang des Jahres auch das so-

Vernichtende Message
Zuweilen kommt ein einzelner bösartiger Post einer seelischen Enthauptung gleich. Jeder Zwölfte ist schon zum Opfer von Online-Hetze geworden

genannte Netzwerkdurchsetzungsgesetz noch einmal verschärft. Es hält – vereinfacht gesprochen – Betreiber von Internetplattformen dazu an, Hassbeiträge rasch zu identifizieren und zu löschen. Bloß: Diese Verordnung bedrängt die Meinungsfreiheit. Und kann trotzdem nicht verhindern, dass Hetzer immer wieder neue Botschaften im Netz verbreiten.

Ohnehin haben einige Experten ihre Zweifel daran, ob es sinnvoll ist, Hass und Häme allein durch Gesetze aus dem Netz verbannen zu wollen. Sie empfehlen vielmehr, die User in die Pflicht zu nehmen. Auch online sei mehr Zivilcourage vonnöten, heißt es. User sollten bei Beleidigungen einschreiten, Betroffenen beispringen. Denn während sich Hetzer meist rasch zusammenrotten, stehen deren Opfer in der digitalen Welt oft allein da.

Auch Romy Jaster vom Forum für Streitkultur sagt: „Wir dürfen uns im Netz nicht weiter wegducken, wenn es laut und bollerig wird, sondern sollten gerade dann den Streit, die respektvolle Auseinandersetzung suchen."

Jaster glaubt, die wichtigsten Zutaten für eine gelingende digitale Debatte sind: Mitmachen und Wohlwollen. Sie will sich damit nicht falsch verstanden wissen: Es gehe ihr nicht darum, Sympathie für eine widerliche Behauptung aufzubringen. „Aber wer nicht gleich mit Vorwürfen kontert, sondern mit Fragen, um die Position des anderen erst einmal zu verstehen, nimmt fast jeder Auseinandersetzung die Schärfe." Und die Hass- und Empörungsspirale komme erst gar nicht in Gang.

Jaster erzählt von Online-Medien, die den Hass eingedämmt haben – indem sie ihre Kommentarspalten nicht ab-, sondern eigens Redakteure dort eingeschaltet haben. Diese kommentieren und hinterfragen Positionen, löschen – stets mit Begründung – besonders giftige Kommentare, ehe die die gesamte Debatte vergiften und Menschen mit gemäßigten Ansichten daraus vertreiben. Außerdem heben sie ausgeglichene Statements hervor, die selten so viel Aufmerksamkeit bekommen wie Wutbotschaften.

„Gerade das Netz braucht eine gute Streitkultur", sagt Jaster. „Denn wenn wir nicht lernen, dort auf Argumente einund mit ihnen umzugehen, schreien wir uns nur an."

Tina Velo, die Umweltaktivistin, hat genau aus diesem Grund vor ihrem nächsten Fernsehauftritt vorgesorgt. Sie engagiert Freunde und Kollegen, die im Ernstfall digitalen Störenfrieden rechtzeitig die Stirn bieten, die bei Facebook hämische Kommentare kontern – und Hetzern damit zu verstehen geben: Ihr seid hier nicht unter euch.

Es gibt keinen Shitstorm an diesem Abend •

Vom Ringen besten

»Manegen der Macht« nennt der Fotokünstler Jörg Hempel seine stillen Porträts europäischer Parlamente. Wohl kaum irgendwo sonst finden Verhandlungen von größerer Tragweite statt – hier das Britische Unterhaus

Text: **Bertram Weiß**

Fotos: **Jörg Hempel**

um den Deal

Ob im Plenarsaal, am Arbeitsplatz oder unter Nachbarn: Ständig streiten Menschen um den ***Ausgleich von Interessen.*** Wie behauptet man sich in Verhandlungen klug? Und welche Tricks helfen?

Forscher schätzen, dass Erfolg oder Misserfolg einer Verhandlung mindestens zur Hälfte davon abhängen, wie gut sich die Akteure vorbereitet haben (Europäischer Rat)

Wenn Profis veranschaulichen möchten, worauf es bei erfolgreichen Verhandlungen ankommt, erzählen sie gern folgende Geschichte: Ein Bauer hinterlässt seinen drei Söhnen 17 Kühe. Der älteste soll die Hälfte der Tiere bekommen, der mittlere ein Drittel, der jüngste Sohn ein Neuntel. Die drei Erben setzen sich zusammen, verhandeln und finden keine Lösung.

Schließlich suchen sie Rat bei einer weisen Frau. Auch sie denkt lange nach. „Ich weiß nicht, wie man die 17 Kühe aufteilen kann", sagt sie, „aber ich kann euch eine zusätzliche Kuh geben." Nun haben die drei Söhne 18 Kühe: Der älteste bekommt die Hälfte, also neun, der zweite erhält ein Drittel, also sechs, und der jüngste Sohn bekommt ein Neuntel, also zwei Kühe. Neun, sechs und zwei addiert ergibt 17. Eine Kuh bleibt also übrig – die drei Söhne geben sie der weisen Frau zurück.

> ***Wie ein Regisseur*** sollte sich jeder Akteur überlegen, **welche Spielweise** er für passend hält, was DIE EIGENE POSITION ***kennzeichnet***

Die Idee: Ist in Verhandlungen keine Lösung in Sicht, macht es Sinn, die Situation mit frischem Blick von außen zu betrachten. Dann kann es gelingen, einen gemeinsamen Nenner zu finden, sozusagen eine 18. Kuh. Zwar mögen am Ende die ursprünglichen Forderungen nicht erfüllt sein, aber ein Ergebnis wird möglich, das alle Beteiligten zufriedenstellt.

Eine erfolgreiche Strategie lautet: Verhalte dich so wie dein Gegenüber (Europäisches Parlament)

Natürlich sind schwierige Verhandlungen nicht immer so trickreich zu lösen. Doch es zeigt sich: Gute Vereinbarungen kommen oft dann zustande, wenn die Konfliktparteien Strategien kennen, die Kompromisse wahrscheinlicher machen. Wer sich mit diesem Wissen vertraut macht, profitiert in vielerlei Hinsicht.

Denn ob wir uns mit Freunden auf einen Termin für ein gemeinsames Abendessen einigen, mit einem Verkäufer um den Preis für einen Gebrauchtwagen feilschen, mit dem Kind um die richtige Zeit zum Schlafengehen zanken oder mit dem Vorgesetzten um eine Gehaltserhöhung: Unser Alltag ist erfüllt von Verhandlungen.

> ***»Wie du mir, so ich dir«*** – diese Vorgehensweise erweist sich in **Verhandlungen** oft als ***vorteilhaft:*** Drängelt der Partner, TUT MAN ES AUCH

Allein im Job verhandeln Berufstätige jeden Tag geschätzte fünf bis zehn Mal: Manager diskutieren mit Angestellten, Einkäufer mit Anbietern, Verkäufer mit Kunden. Stets geht es darum, etwas zu erreichen, was man nicht allein erreichen kann – ein Ziel zu definieren, für das man einen gemeinsamen Willen entwickeln muss.

Es ist für Forscher schwierig, Einblick in das Wesen des Verhandelns zu gewinnen. Allzu oft müssen sie sich mit Simulationen zufriedengeben, zu selten bekommen sie die Chance, einer echten Verhandlung beizuwohnen, und erkennen nicht die wahren Beweggründe der Akteure.

Schließlich gehört es zum Wesen der Verhandlung, dass die Beteiligten in eine Rolle schlüpfen. Ein jeder verbirgt sich gleichsam hinter einer Maske, inszeniert und mimt, ob er will oder nicht.

Dennoch haben Psychologen, Wirtschafts- und Rechtswissenschaftler weltweit die Dynamik des Feilschens erkundet, Taktiken und manipulative Tricks erprobt. Und nach und nach bestimmt, was den Charakter einer Verhandlung ausmacht – vor allem einer guten.

Noch bevor eine Verhandlung beginnt, sollten sich die Akteure demnach genau überlegen, was sie tun. Das erscheint trivial, aber tatsächlich ist diese Erkenntnis das Fundament aller weiteren Gedanken, die man sich über das Thema machen kann. Die vorbereitende Planung entscheidet mindestens zur Hälfte über Erfolg oder Misserfolg einer Verhandlung, so schätzen Forscher.

Wie ein Regisseur sollte sich ein jeder überlegen, welche Spielweise er für angemessen hält, was die eigene Position kennzeichnet. Mindestens drei Fragen sollten beantwortet werden:

• Was sind meine Ziele? Es mag naheliegend klingen, aber viele Verhandlungen scheitern daran, dass die eigenen Interessen nicht konkret genug formuliert werden können, dass es nur einen vagen Wunsch gibt.

• Habe ich eine Alternative? Je sicherer eine weitere Option ist – etwa ein anderer Job oder ein anderer Gebrauchtwagen –, desto selbstbewusster kann man in der Verhandlung auftreten.

Bei verhärteten Fronten gilt es, eher über Bedürfnisse als über Positionen zu verhandeln (Senatssaal, Rumänien)

• Lohnt es sich, zu verhandeln? In manchen Situationen droht man viel zu verlieren, hat aber wenig zu gewinnen. Das gilt es möglichst früh zu erkennen.

Wer sich für eine Verhandlung entscheidet, sollte üben. Menschen, die zuvor etwa in Rollenspielen trainieren, erzielen im Schnitt deutlich bessere Ergebnisse als jene, die das nicht tun. Allerdings gehören zu diesem Vorgehen auch Kompetenzen, die in der Persönlichkeit eines Menschen angelegt sind. Allen voran ein hohes Maß an Offenheit, Einfallsreichtum, Wagemut und Empathie.

Je nach Persönlichkeit agieren wir in Verhandlungen etwas unterschiedlich. Forscher haben zwei grundsätzliche Formen des Vorgehens definiert, zu denen Menschen tendieren – und für die man sich prinzipiell auch entscheiden kann:

• weicher Stil. Man betrachtet den anderen als Freund, das Ziel ist eine rasche Übereinkunft. Man ist zu Konzessionen bereit, legt seine Absichten eher offen, zeigt sich nachgiebig – verhält sich also kooperativ;

• harter Stil. Man erachtet das Gegenüber als Gegner, will die eigenen Interessen bestmöglich durchsetzen, mithin siegen. Man sucht nach Wegen, starken Druck auszuüben – verhält sich also kompetitiv.

Keiner dieser Stile ist eindeutig von Vorteil. Doch ist es hilfreich, sich bewusst zu machen, zu welchem man selbst neigt – und systematisch eine Vorgehensweise zu wählen.

Die Wissenschaftler erproben solche Strategien im Rahmen der sogenannten Spieltheorie. Dabei konstruieren sie Konfliktsituationen, deklinieren mehrere Handlungsoptionen mithilfe von Computerprogrammen durch und beobachten dabei, wie sich welche Entscheidungen auswirken.

So fanden sie unter anderem heraus, dass es in der Regel von Vorteil ist, sich immer so wie der Verhandlungspartner zu verhalten. Drängelt etwa der Verkäufer eines Hauses und fordert eine Entscheidung, drängelt der Käufer auch – und erwartet ebenso nachdrücklich ein Zugeständnis. Zeigt sich der andere aber kompromissbereit, ist man selbst kompromissbereit – so lange, bis sich ein Strategiewechsel andeutet.

T

Tit for tat nennen Spieltheoretiker dieses Vorgehen, das englische Pendant zu: „Wie du mir, so ich dir." Diese Strategie erweist sich oft als erfolgreich.

Allerdings: Dies sind nur Faustregeln, die zwar Orientierung bieten, aber nicht allgemeingültig sind. Denn niemand verhandelt derart überlegt und rational; auch eine Simulation kann nicht alle Faktoren berücksichtigen, die in der Wirklichkeit eine Verhandlung beeinflussen. Viele individuelle oder situative Details können die Strategien verzerren, können uns etwa zur Konfrontation zwingen, obwohl wir doch wissen, dass Kooperation besser wäre.

So spielt es beispielsweise eine Rolle, welches Geschlecht die jeweiligen Verhandlungspartner haben. Psychologen der Universität Münster haben dazu zahlreiche Studien ausgewertet. Ihr Fazit: Wenn Frauen die eigene Sache vertreten sollen, erzielen sie nicht selten ein schlechteres Ergebnis als männliche Kollegen. Treten sie aber für die Belange anderer ein, sind sie oft im Vorteil: Dann verhandeln sie unnachgiebiger, trauen sich mehr zu, oftmals mehr als ein Mann.

Fühlt man sich als Mann oder Frau aufgrund seines Geschlechts bei einer

Verhandlung im Nachteil, so die Empfehlung der Forscher, kann es helfen, die verbreiteten Rollenklischees offensiv anzusprechen: etwa mit dem Hinweis, dass man sich als „Macho" behandelt fühlt oder als „Hausmütterchen".

Das kann das Gegenüber in die Defensive zwingen – und verschafft einem selbst Spielraum. In jeder Verhandlung ringen Kontrahenten zunächst um die Oberhand. Doch stets gibt es auch einen Wendepunkt, ab dem der weitere Weg vorgezeichnet scheint.

Vor allem in Wirtschaft und Diplomatie suchen Strategen nach Wegen, einen solchen Wendepunkt herbeizuführen – und so eine gütliche Einigung zu erzielen. Am einflussreichsten ist dabei wohl ein Konzept, das ein Jurist und ein Anthropologe in den 1980er Jahren an der Harvard University entwickelt haben.

Dessen Grundprinzipien können auch bei Streitereien in der Familie oder im Job helfen. Zum Beispiel: Man sollte Interessen statt Positionen verhandeln. Denn die Begründer des Konzepts haben beobachtet, dass viele Verhandlungen zwar Forderungen und Gegenforderungen berücksichtigen, nicht aber die Bedürfnisse und Wünsche der Menschen, die diese Forderungen aufstellen.

Streiten etwa zwei Nachbarn darum, ob eine Hecke gerodet werden soll oder nicht, so gilt es, möglichst schnell zu den Interessen vorzudringen, die hinter diesen Wünschen stehen. Beispielsweise ließe sich dann erkennen, dass den einen nicht die Hecke an sich stört, sondern das Laub, das im Herbst zu Boden fällt. Und dem anderen ist möglicherweise nicht an der Hecke selbst gelegen, sondern an dem Sichtschutz, den sie bietet.

Im Grunde verhandeln die beiden Nachbarn also nicht um die Hecke, sondern um unterschiedliche Bedürfnisse, die auch ohne den Streit um sie gelöst werden könnten. So könnte sich beispielsweise der eine bereit erklären, das Laub zu entfernen – oder der andere bietet an, beim Aufbau eines alternativen Sichtschutzes zu helfen.

Um eine Position kennenzulernen, lautet die Grundfrage immer schlicht: Was? Wenn es aber um Interessen geht, lautet sie: Warum?

Gehen die miteinander Verhandelnden dieser Frage nach, so die Begründer des Harvard-Konzepts, können sie stille Beweggründe, Hoffnungen und Ängste offenlegen – und so eher zu einer Lösung finden, die beide Seiten zufriedenstellt.

Grundsätzlich beruht das Harvard-Konzept auf der Annahme, dass in jeder Verhandlung zwei Ebenen zu berücksichtigen sind:

- Auf der Sachebene gilt es Positionen und Interessen zu klären und zu erörtern;
- auf der Beziehungsebene aber geht es um die gegenwärtigen Gefühle, die Persönlichkeiten und geschlechtsspezifischen Eigenheiten.

***Vom Setzen eines* Ankerpreises lassen sich selbst Spezialisten oft übertölpen. Zu Anfang sollte man daher *möglichst* VIEL FORDERN**

Nur selten setzen Menschen derart viele psychologische Tricks ein wie bei einer Verhandlung, ob nun bewusst oder unbewusst. Wie Schachspieler beäugen sich die Kontrahenten, versuchen Einfluss zu nehmen, Schwachstellen zu erkennen. Forscher haben eine Vielzahl von Finten und Denkfallen ermittelt, die dabei wirksam werden können.

So versucht manch einer, sein Gegenüber mit Informationen zu überschütten, sodass deren Analyse eher hinderlich ist. Wenn etwa eine Partei in einer Wirtschaftsverhandlung damit beschäftigt wird, Daten und Statistiken zu betrachten, und zu entscheiden, welche tatsächlich wichtig sein könnten, verschafft dies der anderen genügend Zeit, sich schon auf den nächsten Schritt zu konzentrieren.

Besonders wirkungsvoll aber ist der „Anker". Wer ihn nutzt, macht sich ein Grundprinzip der menschlichen Psyche zunutze: Es liegt in unserer Natur, von etwas Bekanntem auszugehen, wenn wir uns zu Unbekanntem vorwagen. Wenn wir uns an einen Preis herantasten, so ziehen wir dabei Zahlenwerte zum Vergleich heran, die uns bekannt erscheinen.

Wie zufällig erwähnen clevere Verhandler deshalb beispielsweise einen empfohlenen Verkaufspreis – lange bevor sie überhaupt eine Offerte machen.

Davon lassen sich selbst Spezialisten übertölpeln. Für eine Studie an der University of Arizona wurden Studenten der Betriebswirtschaft und Immobilienexperten durch ein zum Verkauf stehendes Haus geführt und anschließend gebeten, dessen Wert einzuschätzen. Zuvor wurden sie beiläufig über einen (stark übertriebenen) Listenpreis für solche Objekte informiert. Das Ergebnis: Je höher der Listenpreis angesetzt war, desto höher fiel die Schätzung der Probanden aus – gleichgültig, ob Student oder Experte.

Anker können Deals demnach stark lenken. Deshalb gilt: Zu Anfang einer Verhandlung sollte man möglichst viel fordern, mag sich das auch unverschämt oder allzu optimistisch anfühlen. Denn so wird die wahrscheinliche Lösung – die später darunter liegen wird – „geankert", wie Forscher sagen. Es ist, als würde man einen Pfahl in den Boden rammen und sich dann allmählich von ihm entfernen. Doch es ist wichtig, dass dieser Pfahl steht. Er ist der Referenzpunkt, an dem sich alle Gegengebote orientieren.

Die genannte Zahl sollte überdies möglichst krumm sein, so der Wirtschaftspsychologe David Loschelder. Eine Forderung von 2850 Euro zum Beispiel (statt 3000 Euro) verleiht dem Handelnden eine Aura der Expertise, erschafft die Illusion, dass er genau weiß, was er will – und lässt ihn somit überlegen wirken.

Wer spürt, dass die Gegenseite einen Anker setzen will, sollte versuchen, aktiv dagegenzuarbeiten – zumal, wenn viel auf dem Spiel steht. Der Psychologe und Nobelpreisträger Daniel Kahneman, der das Phänomen ausführlich untersucht

Emotionen sind oft mindestens so entscheidend wie Sachargumente (Parlament der Republik Malta)

hat, empfiehlt etwa, in Zusammenkünften auf von der Gegenseite gesetzte Anker auch mal harsch zu reagieren, etwa mit den Worten: „Wir sollten klarstellen, dass wir die Verhandlungen abbrechen, wenn dies Ihr Angebot ist. Das ist für uns keine akzeptable Basis."

Welchen Ausgang eine Verhandlung nimmt, hängt allerdings maßgeblich davon ab, wie sich die Stimmung entwickelt. Oft sind Gefühle mindestens genauso wichtig wie Sachargumente. Denn die emotionalen Regungen sind zumeist schwierig zu steuern. Jede Drehung des Oberkörpers, jede Miene, jede Bewegung von Händen und Füßen kann Gefühle verraten – und dem Gegenüber Reaktionen entlocken, ob gewollt oder ungewollt.

Sobald eine Seite etwa Ärger zeigt, wird die Gegenseite ihn automatisch spiegeln. Auf Wut folgt Wut, auf Dankbarkeit folgt Dankbarkeit, auf Freude folgt Freude. Nur selten rufen Emotionen beim Mitmenschen unmittelbar das genaue Gegenteil hervor. Die reflexhaften Affekte lassen sich gezielt nutzen: Wer Ärger signalisiert, kann sein Gegenüber zur Aktivität treiben. Wer Schuldgefühle zeigt, kann seinen Verhandlungspartner milde stimmen.

Gerade besonders diffizile Verhandlungen in Wirtschaft oder Politik werden deshalb in mehreren Runden geführt. Nicht selten tritt auch ein neutraler Vermittler hinzu, ein Mediator (siehe Seite 26). Er trifft keine Entscheidung, sondern versucht, Verhandelnde unparteiisch zu einer Lösung zu führen.

Selbst wenn eine Einigung gefunden scheint, kann es sich lohnen, noch einmal um eine Nachverhandlung zu bitten. Denn, so fanden Wirtschaftsforscher heraus: Wer schon einmal eine Übereinkunft erzielt hat, wird sich schwerertun, nachträglich weitere Forderungen abzulehnen.

Zu tief ist es in den meisten von uns verankert, nach Harmonie zu streben, nach Ausgleich und Konsens. Manche fürchten die Kritik und die Emotionen des Gegenübers, andere glauben allzu rasch, nicht im Recht zu sein, wieder andere ängstigen sich davor, mit fremden Haltungen konfrontiert zu werden.

Wenn solche Regungen in einer Verhandlung aufkeimen, sollte das Ende noch nicht erreicht sein: Wahrhaft gute Verhandler sind vor allem zäh, halten Dissonanz besser aus. Und: Sie haben Lust, sich mit anderen auseinanderzusetzen, sie wollen sich auf ein Duell einlassen, in dem sie nicht immer gemocht werden.

Vielleicht ist genau das aber der Grund dafür, dass nur etwa jeder vierte Bundesbürger mit Hingabe verhandelt, ob beim Autokauf oder bei der Gehaltsvereinbarung. Die Mehrheit vermeidet entweder die Auseinandersetzung – oder sucht umgekehrt im Streit die brachiale Konfrontation. Verhandlungen erscheinen den meisten wie ein lästiges Übel.

Dabei bieten Aussprachen meist ein großes Potenzial. Wer einen Deal sucht, der zerstört nicht, der weicht nicht aus. Wer verhandelt, der gestaltet ●

»Wenn Sie mein Mann wären, würde ich Ihnen **Gift in den Tee geben!**«

Wer schlagfertig ist, kontert jede Attacke mit einer **pointierten Replik.** Wer dagegen nicht so geschickt zu parieren vermag, kann mit einfachen Tricks seine verbale Schlagkraft erhöhen

Text: **Ute Kehse**

Illustrationen: **Torsten Laaker**

Ein Mitarbeiter holt sich in der Kantine einen Kaffee, ein Kollege bemerkt: „Machen Sie schon wieder zwei Stunden Kaffeepause?" Ein Mann kommentiert das ältere Mobiltelefon seines Bekannten abfällig: „Das ist ja von vorgestern!" Ein Team hört einer Kollegin zu, einer aus der Runde murmelt: „Na, mit Ihrem Ausschnitt kommen Sie hier auch nicht weiter!"

In solchen Situationen, in denen man überrumpelt oder attackiert wird, verschlägt es den meisten Menschen die Sprache. Wir sind wie gelähmt, wehrlos, es fällt uns partout keine brauchbare Antwort ein. Dabei würden wir gern mit einer eleganten, humorvollen Erwiderung aufwarten, die den Angreifer gleichsam entwaffnet.

KURZ: WIR WÜNSCHEN UNS, schlagfertig zu sein.

Es ist eine Eigenschaft, die aus der Fechtkunst auf das menschliche Miteinander übertragen wurde. Wie mit einem spitzen Florett wollen wir, leicht und ge-

»Wenn Sie meine Frau wären, **würde ich ihn trinken!**«

Der britische Staatsmann Winston Churchill galt als Virtuose der Schlagfertigkeit – so soll er mit obigem Kommentar bissig den Angriff der Politikerin Nancy Astor gekontert haben

schickt, den Vorstoß des Gegners mit einem eigenen Schlag abwehren, einer Parade, die die feindliche Absicht nicht nur vereitelt – sondern sie sogar gegen den Angreifenden wendet.

Schlagfertigkeit gilt als Tugend, als Fähigkeit, die es zu gewinnen gilt, zu verfeinern. Denn wer spontan und geistreich kontert, kann peinliche Situationen meistern und sich leichter durchsetzen als diejenigen, die kein Wort hervorbringen, sobald sie sich in die Enge getrieben fühlen. Überdies gelingt es schlagfertigen Typen oft, Konflikte zu entschärfen und Mitmenschen zum Lachen zu bringen, nicht selten sogar, ihre Sympathien zu gewinnen.

Doch die wenigsten halten sich selbst für schlagfertig. Vielen fällt die passende Antwort eben nicht sofort ein, sondern, falls überhaupt, erst dann, wenn die kritische Situation längst vorbei ist.

Wohl deshalb definierte der US-amerikanische Schriftsteller Mark Twain eine schlagfertige Antwort als „etwas, worauf man 24 Stunden zu spät kommt". Und der französische Denker Denis Diderot prägte für dieses Phänomen im 18. Jahrhundert die Bezeichnung „l'esprit d'escalier" (woraus im Deutschen der „Treppenwitz" entstand): jener Geistesblitz also, der erst dann aufscheint, wenn man den Raum bereits verlassen hat und sich auf den Stufen zum Ausgang befindet.

Die typische Denkblockade eines Angegriffenen ist so verbreitet, weil sie gänzlich natürlich ist. Ihre Ursache liegt in der biologischen Stressreaktion unseres Körpers. Der menschliche Organismus ist darauf vorbereitet, auf Unerwartetes mit Kampf oder Flucht zu reagieren; das Herz schlägt schneller, die Muskeln spannen sich an, der Atem beschleunigt sich. All das ist in dem Moment wichtiger als das bewusste Denken: Man verliert die Fähigkeit, rational, originell und kreativ zu sein – und so bleiben einem die Worte gewissermaßen im Hals stecken.

DAS GEFÜHL, sich der sprachlichen Dominanz eines anderen beugen zu müssen, peinigt viele von uns. Forscher des Max-Planck-Instituts für Psycholinguistik im niederländischen Nijmegen haben herausgefunden: Gerade einmal rund 300 Millisekunden dürfen in einem Gespräch verstreichen zwischen den letzten Worten des einen Sprechers und den ersten des anderen – dauert die Pause länger, nehmen Menschen sie überhaupt erst als solche wahr und beginnen, sich zunehmend unwohl zu fühlen; und ab 700 Millisekunden wird die Stille tendenziell als bedrohlich empfunden.

Diese Regel, so fanden die Experten heraus, ist universal – sie gilt unabhängig von Sprache oder Kultur. Schon nach weniger als einer Sekunde des Schweigens in einem Gespräch fühlen wir uns beklommen.

Gerade deshalb erscheinen uns all jene Menschen als so bewundernswert, denen es auch in schwierigen Situationen gelingt, rasch eine eloquente, geschliffene Antwort zu formulieren. Wie aber vermögen sie es, gehässige Bemerkungen gekonnt zu parieren?

Psychologen haben einige Merkmale identifiziert, die besonders schlagfertige Menschen auszeichnen: Sie haben beispielsweise ein gutes Gespür für Sprache, können schnell analytisch denken und verfügen über die Gabe, ungewöhnliche

»Machen Sie schon wieder zwei Stunden Kaffeepause?«

Assoziationen zu knüpfen. Auch ist ihr Blick auf die Welt ironischer und humorvoller als der anderer Menschen. Vereinen sich diese Eigenschaften mit einer Neigung zu impulsivem Handeln und Mut zur Missachtung von Regeln, kommt die Schlagfertigkeit quasi von selbst.

Diese Fähigkeiten, so die Persönlichkeitspsychologin Jennifer Hofmann von der Universität Zürich, bestimmen darüber, ob jemandem etwas einfällt, was er sagen könnte – und ob er sich zudem traut, es auszusprechen.

Doch auch wem diese Eigenschaften nicht gegeben sind, der muss sich nicht mit der Sprachlosigkeit abfinden. Schlagfertigkeit kann jeder bis zu einem gewissen Grad trainieren.

Denn dem peinlichen Verstummen entgeht man nicht nur, wenn man auf den anderen witzig oder gar angriffslustig reagiert – vielmehr gilt es, das Gefühl der eigenen Souveränität zu bewahren: die Gewissheit, trotz allem handlungsfähig zu sein.

Die Kommunikationstrainerin Barbara Berckhan empfiehlt, sich eine Art inneren Aufprallschutz vorzustellen – etwa indem man sich sagt „Das kann mir nichts anhaben" oder „Lass den doch reden". So falle es leichter, Abstand zu gewinnen, die Stressreaktion zu minimieren und somit eine Denkblockade zu vermeiden.

Gerät man in eine prekäre Situation, ist es am wichtigsten, aktiv zu werden. Wird man beispielsweise mit der unpassenden Bemerkung einer Kollegin konfrontiert, reicht es manchmal schon, die Widersacherin fragend anzuschauen und sich dann abzuwenden – als Zeichen dafür, sich mit einem derartigen Unsinn gar nicht abzugeben.

Will man verbal reagieren, kann man den Seitenhieb mit knappen Bemerkungen ins Leere laufen lassen, etwa sagen: „Dazu fällt mir wirklich gar nichts ein" oder „Wenn du meinst" oder einfach nur „So, so!". Solche kurzen Sätze entschärfen eine Provokation besser als ratloses Schweigen.

Auch eine gute Vorbereitung kann bereits viel bewirken. Wer sich etwa frühzeitig klar macht, in welchen Augenblicken man sich üblicherweise entwaffnet fühlt, kann dem Gefühl der Ohnmacht besser begegnen.

Zeigt sich etwa ein bestimmter Kunde stets besonders streitlustig? Mokiert sich ein Kollege immer wieder über Kleidung oder Körperfülle? Wie reagiert man, wenn ein Zwischenrufer eine Besprechung stört?

Dabei hilft es, sich einige mögliche Antworten zu überlegen und vorab einzuüben, sodass sie einem sofort in den Sinn kommen, wenn die Sprachlosigkeit droht. Ironische Formulierungen wie „Sie sind halt mein Vorbild!" oder „Haben Sie gerade etwas gesagt?" taugen fast immer, um eine verbale Anfeindung zumindest zu mildern.

Manche Attacke kann man auch abwenden, wenn man sich zuvor ein rhetorisches Muster eingeprägt hat. So kann zum Beispiel auf einen Vorwurf eine Nachfrage folgen. Wirft einem ein Kollege etwa vor „Sie haben Ihre Abteilung nicht im Griff!", könnte die Antwort lauten: „Was genau verstehen Sie denn unter im Griff haben?"

Diese Technik, so der Autor und Kommunikationsexperte Matthias Nöllke, ist eher milde und eignet sich daher, um sich gegenüber Vorgesetzten zu behaupten.

Als ausgesprochen wirkungsvoll gilt auch die sogenannte Dolmetscher-Technik: Dabei gibt man den Vorwurf mit eigenen Worten wieder, leistet gewissermaßen Übersetzungshilfe – und kann so dafür sorgen, dass eine Beleidigung eine andere Deutung erhält oder ein Wortwechsel wieder auf die Sachebene gelenkt wird. Die eigenen Sätze beginnen dabei mit „Sie meinen also …" oder „Sie wollen damit sagen, dass …". Auf den Vorwurf „Sie behandeln Leute wie den letzten Dreck" könnte die Entgegnung lauten: „Sie meinen, Sie sind ungerecht behandelt worden?"

Auf diese Weise überhört man die kränkende Bemerkung demonstrativ, filtert die eigentliche Botschaft heraus und erweist sich als souverän und besonnen. Die Übersetzung lässt sich an den Tonfall des Gegenübers anpassen, sie kann etwa honigsüß, neutral oder auch giftig ausfallen.

MIT DIESEN WENIGEN Verfahren lassen sich bereits die meisten Angriffe vereiteln – wenn auch vielleicht nicht besonders humorvoll oder geistreich.

Schlagfertigkeit lebt indes auch von einem spielerischen Element, von der Überraschung und häufig davon, dass sie die Mitmenschen zum Lachen bringt. Am einfachsten ist es dafür, dem Angreifer recht zu geben und den Vorwurf anschließend ins Absurde zu übertreiben.

Auch dafür lohnt es, sich in Ruhe einige Standardsätze zurechtzulegen, zum Beispiel: „Stimmt, ich bin jetzt im Guinness-Buch der Rekorde" oder „Ja, genau, ich bin Weltmeister im ...".

Es kann auch erheiternd wirken, auf Sticheleien oder böswillige Seitenhiebe eine gänzlich sinnlos erscheinende Replik zu geben. Dafür eignen sich zum Beispiel Sprichwörter. Spöttelt einer etwa „Na, wieder reizbar heute?", könnte man antworten: „Ach, ich sage dir: Der Frosch im Brunnen weiß nichts vom großen Meer." Auf die Nachfrage „Was willst du denn damit sagen?", kann man dann betont gelassen entgegen: „Denk mal scharf nach."

So bringt man den anderen ins Grübeln – und die Umstehenden womöglich zum Lachen.

Gelingt einem dies, ist die höchste und wohl schwierigste Form der Schlagfertigkeit schon sehr nah: der Gegenangriff. Das Prinzip besteht darin, die Formulierung der Attacke weitgehend zu übernehmen, aber eine entscheidende Stelle genau ins Gegenteil zu verkehren – und somit den Angreifer mit seinen eigenen Worten zu verletzen.

Ein prägnantes Beispiel wird dem britischen Premier Winston Churchill zugeschrieben. Die Politikerin Nancy Astor soll ihn attackiert haben mit den Worten: „Wenn Sie mein Ehemann wären, ich gäbe Ihnen Gift in Ihren Tee." Woraufhin Churchill erwiderte: „Wenn Sie meine Gattin wären, würde ich ihn trinken."

Auf einen derartigen Konter kann sich freilich niemand vorbereiten. Er erfordert Spontaneität, Sprachfertigkeit und Einfallsreichtum. Doch immerhin lassen sich diese Eigenschaften schulen. In Rhetorikseminaren etwa können Teilnehmer lernen, sich anschaulich und präzise auszudrücken – was schlagfertigen Antworten erst ihre Schärfe verleiht.

Auch Improvisationstheater kann einem helfen, die Fähigkeit zur freien Assoziation sowie sprachliche Kreativität und Reaktionsgeschwindigkeit zu trainieren. Dabei spielen die Darsteller eine Szene, deren Handlung und Dialog nicht vorbereitet sind. Sie müssen auf die Worte der anderen reagieren, das Geschehen weiterentwickeln, ob ihnen die Richtung gefällt oder nicht.

In diesen Szenen gilt es, besonders auf die eigene Körperhaltung zu achten. Wer etwa auf einem Stuhl kauert und auf den Boden starrt, dem fällt es schwer, sich überzeugend zu wehren. Eine aufrechte Haltung, ein erhobener Kopf, fester Stand dagegen erleichtern es, nicht allzu schnell in Aufregung zu geraten – so kann man an innerer Sicherheit gewinnen.

Mithilfe der Improvisation entwickeln die Teilnehmer allmählich „Toleranz gegenüber der Unsicherheit, und sie verliert ihren Schrecken", so Patricia Ryan Madson, die an der Stanford University als Professorin über Jahrzehnte das spontane Formulieren unterrichtete. Die Übungen und Techniken, die vor allem an US-Schauspielschulen entwickelt wurden, werden heute auch in Deutschland von zahlreichen Trainern in Seminaren vermittelt.

Generell sollte sich ein jeder jedoch bewusst sein: Schlagfertigkeit gleicht einer Waffe – mit ihr kann man sich verteidigen, aber auch andere verletzen. Und so womöglich neue Konflikte entfachen.

Die Prise Bosheit, die dazugehört, ist nicht verwerflich, weil man sich in manchen Situationen mit Höflichkeit allein nicht zur Wehr setzen kann. Wer auf eine eher harmlose Frotzelei allerdings mit einer Beleidigung antwortet, schießt über das Ziel hinaus – und wirkt womöglich aggressiv oder unverschämt.

Um in den eingangs beschriebenen Situationen wirkungsvoll, aber nicht verletzend zu reagieren, könnte man folgendermaßen antworten, so Matthias Nöllke. Auf „Machen Sie schon wieder zwei Stunden Kaffeepause?" könnte die Parade lauten: „Warum fragen Sie? Suchen Sie jemanden, der Ihnen Gesellschaft leistet?"

Auf „Das Mobiltelefon ist ja von vorgestern" ist ein möglicher Konter: „Dafür tropft es nicht!"

Und die Beleidigung „Na, mit Ihrem Ausschnitt kommen Sie hier auch nicht weiter" fällt auf den Sprecher zurück mit den Worten: „Ich merke, Sie sind konzentriert bei der Sache".

»Warum fragen Sie? Suchen Sie jemanden, der Ihnen Gesellschaft leistet?«

GEOkompakt Vorteilsabo

Wissen sammeln leicht gemacht.

Lesen oder verschenken Sie 4x GEOkompakt mit einer exklusiven Prämie zur Wahl.

4 AUSGABEN GEOkompakt FÜR 44,– €*

- **WUNSCH-PRÄMIE ZUR WAHL**
  Zur Begrüßung als Dankeschön.
- **KOSTENLOSE LIEFERUNG**
  Wir übernehmen die Versandkosten.
- **JEDERZEIT KÜNDBAR**
  Nach Ablauf des 1. Jahres.
- **BILDUNGSRABATT**
  Studenten sparen 40 %.

Interview: **Tilman Botzenhardt und Bertram Weiß**

Das **Wesen**

Kaum etwas blockiert derart den Verstand, lässt Konflikte eskalieren und Diskussionen scheitern: Die **Sozialpsychologin Barbara Krahé** erklärt, warum unser Zorn im Streit so zerstörerisch wirkt – und wie wir unsere Aggression beherrschen können

der Wut

Ärger erfüllt oft auch eine wichtige gesellschaftliche Funktion. Ohne Bürgerrechtsproteste (oben: New York City, 1963) etwa hätten sich Grundrechte wie die Meinungsfreiheit kaum etabliert

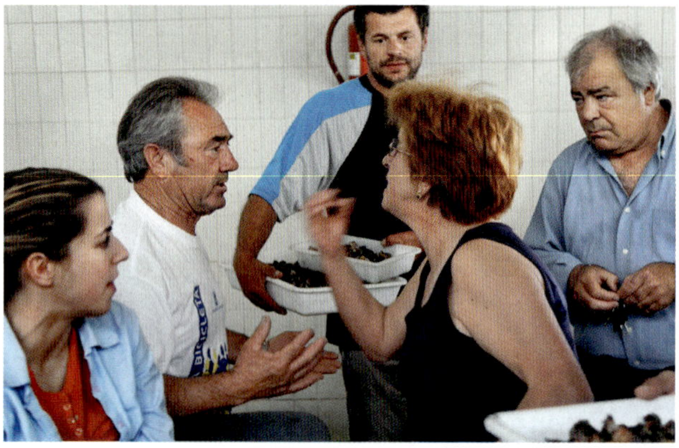

Auf welche Weise wir unsere Wut im Streit ausleben, unterliegt auch kulturellen Normen. In manchen sozialen Kontexten wird aggressives Verhalten eher toleriert als in anderen. Männer greifen zudem häufiger als Frauen zu körperlicher Gewalt, um ihre Interessen durchzusetzen

GEOkompakt: *Frau Professorin Krahé, was geht in einem Menschen vor, wenn er wütend wird?*

Prof. Dr. Barbara Krahé: Wut beginnt als unmittelbare emotionale Reaktion darauf, dass etwas Unangenehmes passiert. Dieser Auslöser kann ein frustrierendes Erlebnis sein, es kann aber auch ein Schmerzreiz sein, eine Beleidigung oder störender Lärm. Und auf diese unangenehme Empfindung reagiert unser Körper mit einem Gefühl, das man als „rudimentären Ärger" bezeichnet. Begleitet wird diese Emotion von Stress:

Die Nebennieren setzen das Hormon Adrenalin frei, in der Folge schlägt das Herz schneller, der Blutdruck steigt. All das versetzt den Organismus in Aktionsbereitschaft.

Dr. Barbara Krahé ist Professorin für Sozialpsychologie an der Universität Potsdam. Sie erforscht die Ursachen und Folgen von Aggression.

Was geschieht dann?

Unser Handeln wird in diesem Moment von zwei konkurrierenden Motiven beeinflusst: einem Impuls zur Flucht und einem Impuls zum Angriff. Denn das unangenehme Erlebnis, das unseren Ärger erzeugt hat, löst sehr oft auch Angst aus. Wenn die Furcht stärker ist als der Zorn, setzt sich der Fluchtimpuls durch: Wir reagieren dann auf den unangenehmen Reiz mit Vermeidungsverhalten.

Und andernfalls greifen wir an?

Das ist kein Automatismus. Wir können uns zu unserer inneren Erregung unterschiedlich verhalten, etwa unseren Ärger bewusst infrage stellen: Warum rege ich mich gerade so auf? Wer verärgert ist, neigt aber spontan eher dazu, seinen Unmut und inneren Aufruhr gedanklich noch zu verstärken.

Wenn der Ärger dann intensiv genug ist und in Wut umschlägt, folgt oft tatsächlich eine aggressive Reaktion – wir handeln dann mit der Absicht, dem anderen zu schaden. In einer Konfliktsituation ist Wut aber fast immer ein schlechter Ratgeber, weil von Ärger getriebene Handlungen häufig übertrieben ausfallen und Widerstand provozieren.

Können Sie dafür ein Beispiel geben?

Denken Sie an jemanden, der in der Straßenbahn zu laut Musik hört. Und neben ihm sitzt ein anderer, der lange nichts sagt, dann aber auf einmal regelrecht explodiert und seinen Sitznachbarn anfaucht. Dieser Mensch hat anfangs Ärger empfunden – und sich danach gedanklich weiter mit seiner Wut beschäftigt und seinen Zorn dadurch immer weiter verstärkt. Das hat aber niemand gesehen. Am Ende entladen sich seine aufgestauten Gedanken und Gefühle in einer Aggression, die für Außenstehende schwer nachvollziehbar ist.

Und den Konflikt vermutlich eher anheizt als ihn löst.

Genau. Weil derjenige, der nun so beschimpft wird, sich extrem provoziert fühlt. Schließlich hat er etwas getan, was eigentlich nur milde verärgernd sein sollte. Er schimpft also wütend zurück. Wenn so eine Situation zwischen zwei Hitzköpfen eskaliert, endet sie womöglich in einer handfesten Schlägerei. Das ist natürlich ein extremes Beispiel. Aber es illustriert das generelle Problem: Für das Lösen von sozialen Konflikten ist Ärger schlicht eine unproduktive Emotion.

Kann ich gänzlich vermeiden, eine Form von Wut zu empfinden?

Nein, denn die Auslöser dafür kommen ja meist von außen: Irgendjemand oder irgendetwas provoziert einen, ist frustrierend, bringt einen in einen unangenehmen Zustand. Dem kann man im Leben nicht entgehen. Manche Leute scheint aber nichts aus der Ruhe zu bringen.

Tatsächlich gehen Menschen sehr unterschiedlich mit Ärger um. Zum Teil ist dies womöglich genetisch bedingt. Und jede Person erlebt Tage, an denen sie eher in sich ruht oder aber besonders leicht aus der Fassung gerät – etwa, weil sie ohnehin schon aus einem anderen Grund negativ gestimmt ist. Grundsätzlich kann aber jedermann lernen, seinen Ärger zu zügeln, statt sich von ihm beherrschen zu lassen.

> » Menschen gehen sehr unterschiedlich mit Ärger um. Zum Teil ist dies womöglich genetisch bedingt «

Welche sozialen Ursachen gibt es für Unterschiede in der Ärgerneigung und Aggression?

Hochaggressive Menschen haben als Kinder selbst oft Vernachlässigung, Gewalt oder Missbrauch in Familie und Freundeskreis erfahren. Wer in einem so geprägten Umfeld aufwächst, erlernt Aggression von Geburt an als normale Reaktion auf Ärger. Wer aber in seiner Kindheit einen liebevollen und gewaltfreien Umgang erfährt, in sicheren und vertrauensvollen Bindungen zu Familie und Freunden lebt, kann mit seinem Ärger meist in sozial angemessener Form umgehen.

Die Vorstellung, dass man Aggression rauslassen müsse, um sie zu bewältigen, ist längst widerlegt. Wer wie in diesem Kunstprojekt Gegenstände zertrümmert, um sich Befreiung zu verschaffen, steigert sich in seine destruktiven Gefühle hinein – und findet womöglich noch Gefallen daran

» Grundsätzlich kann jeder von uns lernen, seine Wut zu zügeln, statt sich von ihr beherrschen zu lassen «

Geht es Menschen mit geringer Aggressivität besser als jenen, die viel Wut verspüren?

Ja, und zwar aus mehreren Gründen: Erstens, weil sie diese unangenehme Empfindung seltener verspüren als ausgesprochene Choleriker. Und zweitens, weil sie dadurch auch weniger Widerstand von außen bekommen.

Das gilt schon in ganz jungen Jahren: Kinder wollen nicht mit Kindern spielen, die ständig Wutanfälle haben. Wer dauernd gegen andere wütet, der wird bald ausgegrenzt. Und sucht sich dann Freunde, die ebenfalls ausgeschlossen wurden. So können sich Teilgruppen von Jungen und Mädchen bilden, die alle Probleme damit haben, ihren Ärger zu regulieren – und sich nun noch gegenseitig in ihrem problematischen Verhalten bestärken. Diese Kinder ecken oft auch als Jugendliche und Erwachsene wegen ihrer Aggressivität in ihrem sozialen Umfeld an.

Wie lernen Kinder, mit Wut umzugehen?

Bis zu einem bestimmten Alter können sie es gar nicht: Ganz kleine Kinder haben schlicht nicht die kognitive Reife, ihre starken Gefühle herunterzuregulieren. Die wallen einfach auf, sie sind ihnen gewissermaßen hilflos ausgeliefert. Experimente zeigen aber, dass sich schon frühzeitig individuelle Unterschiede im Umgang mit Ärger offenbaren: Wenn die Kleinen erleben, wie ein selbst gebauter Turm aus Klötzchen zusammenbricht, werfen manche von ihnen ihre Bausteine empört durch den Raum, während andere ganz beherrscht damit anfangen, den Turm erneut aufzustapeln.

Hier müssen Erwachsene früh die richtigen Weichen stellen – indem sie vorleben, wie man ruhig reagiert, oder zeigen, dass so ein Turm gemeinsam schnell wieder aufgerichtet ist. Das vermittelt dem Kind andere und bessere Reaktionsmuster, als wenn es beobachtet, dass die eigenen Eltern schnell ausrasten, wenn irgendetwas nicht nach ihren Vorstellungen läuft.

Wie gelingt es, seinen Ärger nicht in Aggression umschlagen zu lassen?

Entscheidend dafür ist, die Rage nicht noch gedanklich zu verstärken – sondern die Aufmerksamkeit bewusst vom Ärgergefühl wegzulenken. Es mag trivial klingen, aber am besten funktioniert: innehalten. Wer seine Wut aufkommen spürt, sollte innerlich erst einmal bis zehn zählen und durchatmen, bevor er zu handeln beginnt. Denn sobald wir versuchen, den Atem zu verlangsamen und zu vertiefen, erhält der Körper ein Signal: Entspannung. So kann sich schon nach wenigen Sekunden der innere Aufruhr ein klein wenig legen – und der Betroffene vermag klarer zu denken und überlegter zu reagieren.

Das reicht tatsächlich?

Professionelle Trainings zur Bewältigung von Ärger beruhen auf der gleichen Methode: Sie sollen die Selbstkontrolle der Teilnehmer stärken – also ihre Fähigkeit, ihr Handeln nicht unmittelbar von emotionalen Impulsen, den Affekten, leiten zu lassen. Das geschieht meist in zwei Schritten: Zunächst sollen sie erkennen, in welchen Situationen sie ihren Ärger nicht beherrschen können, wann genau sie also dazu neigen, auszurasten. Und anschließend üben sie in Rollenspielen und in simulierten Konflikten ganz systematisch ein, auf ihre Wut anders zu reagieren. Etwa mit Ablenkung oder mit ritualisierten Handlungen, zu denen auch das innere Aufsagen einer Zahlenfolge gehören kann. Diese Rituale geben der Person Zeit, den Ärger abklingen zu lassen.

Kann ich Wut nicht auch loswerden, indem ich einmal Dampf ablasse und meinem Ärger richtig Luft verschaffe?

Nein, das funktioniert nicht. Das ist zwar die Geschäftsidee dieser neuen „Wuträume“, in denen Kunden dafür bezahlen, in einem eigens dafür hergerichteten Zimmer alles kurz und klein schlagen zu können. Die Anbieter dieser Räume vermarkten das als Möglichkeit, sich einmal richtig auszutoben und dabei den Drang zur Aggression loszuwerden – etwa nach einer Scheidung. Aus wissenschaftlicher Sicht ist das aber leider Blödsinn.

Weshalb?

Weil eher das Gegenteil geschieht: Die Kunden werden ihren Drang nicht los, sondern steigern ihn sogar. In einem Wutraum lernen sie, dass das Ausagieren von Ärger Spaß macht, dass Aggression etwas Positives ist. Und an dieses gute Gefühl werden diese Menschen sich erinnern, wenn sie in einer anderen Situation wieder einmal Ärger verspüren. Und dann werden sie mit höherer Wahrscheinlichkeit wieder aggressiv handeln. Die gängige Idee, dass es befriedend wirkt, seine Empörung in einem harmlosen Umfeld auszuagieren, gilt in der Forschung als widerlegt.

> » Es mag trivial klingen, aber das beste Gegenmittel ist: innehalten, in Gedanken bis zehn zählen und durchatmen «

Und wenn ich nur in ein Kissen schlage, um meine Wut loszuwerden?

Auch davon würde ich abraten. Sinnvoller ist es, dem Ärger andere Emotionen entgegenzustellen, die schlecht mit Aggression vereinbar sind. Versuchen Sie zum Beispiel, an etwas sehr Trauriges zu denken, vielleicht an den eigenen Tod oder an den der Eltern. Trauer ist wie Wut ein unangenehmes Gefühl, aber eines, das eher auf Rückzug als auf Angriff gerichtet ist, eher auf Flucht als auf Kampf.

Auch Humor ist inkompatibel mit Wut: Fast jeder kennt die Situation, dass man sich streitet – und sich irgendwann gegenseitig anguckt und plötzlich lachen muss. Versuchen Sie also, sich etwas Erheiterndes vorzustellen, etwa eine lustige Szene aus einem Film.

Experimente zeigen, dass die aggressive Ärgeranspannung durch die Auslösung von Trauer oder Humor herabgesetzt werden kann. Denn wir besitzen die Fähigkeit, gezielt Emotionen in uns zu wecken – die andere Emotionen ablösen.

Was kann die innere Spannung noch auflösen?

Studien legen nahe, dass Menschen auf eine Frustration mit weniger Ärger reagieren, wenn sie eine besonders offene Körperhaltung mit entspannter Muskulatur einnehmen. Es ist ein Unterschied, ob Sie mit hochgezogenen Schultern, gekreuzten Beinen und angespannten Gesichtsmuskeln in einen Dialog gehen oder gelassen und mit geöffneten Armen auf einem Stuhl sitzen. Das Gehirn versteht eine solche Haltung wohl als beruhigendes Signal an sich selbst: Ich bin ja noch entspannt, scheint alles nicht so schlimm zu sein. Ärger löst also nicht nur körperliche Reaktionen wie Zittern oder einen schnelleren Herzschlag aus. Körperliche Signale wirken ihrerseits auch auf die Wut zurück.

Hilft Sport, den Umgang mit Wut positiv zu beeinflussen?

Ja, wenn er für Ablenkung sorgt. Alles, was einen aus dem brodelnden Ärger herausholt, ist grundsätzlich erst einmal gut. Wer Sport treibt, baut normalerweise auch Anspannung ab. Und wenn wir körperlich weniger angespannt sind, verstehen wir das auch wieder als Hinweis, dass unser Ärger so schlimm nicht ist. Wer beim Joggen aber gedanklich permanent in seinem Zorn verharrt, der darf nicht damit rechnen, dass der Sport ihm hilft. In diesem Fall verstärkt der höhere Puls, den die höhere Aktivität bewirkt, womöglich sogar noch die Wut.

Ratgeber empfehlen, die Wut nicht zu unterdrücken: Wer seinen Ärger stets im Zaum halte, riskiere, dass dieser sich zu einem späteren Zeitpunkt umso stärker Bahn breche.

Weil der Zorn gleichsam von selbst und ohne unser Zutun unterbewusst weiterlebt und wächst? Auch dafür gibt es keine wissenschaftlich fundierten Hinweise. Mit dem Ärger verhält es sich wie mit anderen Emotionen auch: Wenn weiter nichts geschieht, wird er mit der Zeit schwächer. Wenn Sie sich in einer Situation auch noch so sehr aufregen: Eine Woche später werden Sie beim Gedanken daran nicht mehr denselben Aufruhr verspüren.

Gerichtspsychologen berichten von Menschen, die sich jahrzehntelang von ihrem Ehepartner drangsalieren lassen, ohne je aufzubegehren – bis sie eines Tages ausrasten und ihn ermorden.

Solche Menschen haben ihren Ärger über all die Jahre aber nicht unterdrückt, sondern immer neu belebt. Solche

Häufig werden gewalttätige Auseinandersetzungen in der Alltagskultur medial zelebriert und überhöht: etwa im Wrestling. Manche Experten sehen das kritisch, denn es verdeutlicht, dass viele Menschen körperliche Aggression als Form der Konfliktlösung zu leichtfertig tolerieren

Der bewaffnete Konflikt ist die letzte Eskalationsstufe kollektiver Wut. Er entsteht etwa, wenn Bürger sich gegen den Staat auflehnen (Kairo, 2013)

Taten werden verübt, weil die Täter ihre Wut jahrelang gedanklich und emotional immer weiter nähren – anstatt sich um eine Lösung des zugrunde liegenden Konflikts zu kümmern. Irgendwann wissen sie keinen anderen Ausweg mehr, als den Konfliktpartner aus dem Weg zu räumen.

Hat Wut denn nicht auch gute Seiten?

Doch, aber eben nicht in der Auseinandersetzung mit anderen Menschen. Für den Einzelnen ist sein Ärger grundsätzlich eine potenziell hilfreiche Emotion: Sie zeigt ihm auf, woran er sich stört, welche Werte ihm wichtig sind, welche Hindernisse ihm begegnen, wo seine persönlichen Grenzen liegen.

Wut kann also ein Helfer sein, sich selbst besser zu verstehen. Und: Sie verleiht uns einen Antrieb, etwas an der als negativ empfundenen Situation zu ändern. Im Zusammenleben profitieren wir von diesen nützlichen Seiten des Ärgers aber nur, wenn es uns gelingt, besonnen über konstruktive Lösungen nachzudenken.

Wenn unser Handeln impulsiv von Wut geleitet wird, wenn wir sie als Aggression gegen andere richten, dann zerstört diese Emotion mehr, als sie aufbauen kann.

Der Volksmund sagt: „Wut tut gut."

Solange ein Mensch seine Wut nicht an anderen auslebt, mag es sich gut anfühlen, sich im Stillen auszumalen, wie man es einem Kontrahenten heimzahlt oder was man dem Partner alles an den Kopf werfen würde. Aber aus wissenschaftlicher Sicht ist der Ratschlag, Menschen sollten ihren Ärger ausagieren, nicht zu vertreten. Wer mit dieser Einstellung in Konflikte geht, macht es sich zu einfach. So erzielen Gesprächspartner keine Lösung, sondern der Stärkere überwältigt schlicht den Schwächeren.

Ist dieser Konfliktstil vor allem ein Problem von Männern?

Nein, Aggression ist keineswegs nur ein männliches Problem. Frauen empfinden ebenso viel Wut wie Männer, und sie leben ihren Ärger auch aus. Meist geht es dabei allerdings nicht um körperliche Gewalt, sondern um verbale Angriffe oder Verhaltensweisen, die Sozialpsychologen als „soziale Aggression" bezeichnen: Dabei schadet eine Person einer anderen, indem sie die sozialen Beziehungen der anderen Person beschädigt, etwa durch üble Nachrede.

Männer üben insgesamt häufiger und gefährlichere körperliche Gewalt aus. Und oftmals setzen sie sie in Beziehungen systematisch ein, um Macht zu demonstrieren oder Kontrolle über die Partnerin auszuüben.

Soll man seinen Ärger in Konflikten nicht wenigstens verbal zum Ausdruck bringen?

Doch, sogar unbedingt – aber eben nicht als Wüterich. Seinen Ärger anzusprechen ist sinnvoll, damit das Gegenüber realisiert: Wir haben hier ein Problem, über das wir reden müssen. Wenn ich selbst in einem Gespräch etwas sage, das den anderen wütend macht, möchte ich das ja auch gern wissen – nur so können zwei Gesprächspartner Missverständnisse ausräumen und Konflikte lösen. Es ist absolut richtig, auch einmal zu sagen: „Ich ärgere mich jetzt darüber, was du gerade gesagt hast." Aber dann muss es eben konstruktiv weitergehen. Und je aggressiver ich meinen Zorn äußere, desto unwahrscheinlicher wird das.

Viele trauen sich gar nicht, ihren Ärger zum Ausdruck zu bringen. Sind wir im Allgemeinen zu konfliktscheu?

Es fällt eben vielen Menschen sehr schwer, ihre Wut in einer konstruktiven Weise mitzuteilen. Wenn die Emotion stark ist, findet der Verärgerte meist keine wohlgesetzten Worte und sagt etwas Unbedachtes. Also schweigen manche – oft auch aus Angst vor der Reaktion des Gegenübers. Deshalb wäre es wichtig, Menschen besser zu vermitteln, wie sie mit dem eigenen Ärger umgehen können. Und auch mit dem Ärger des anderen.

Was meinen Sie damit?

Für eine Konfliktlösung wäre viel gewonnen, wenn die Beteiligten nicht nur ihre eigene Wut im Griff hätten, sondern auch mit fremder Wut souverän umgehen könnten. Wer auf einen Vorwurf oder Angriff hin erst einmal antwortet: „Ich muss mir wohl noch einmal überlegen, ob meine Aussage oder Handlung richtig war", der trägt schon viel dazu bei, den anderen aus seinem Ärger herauszuholen. Hält der Angesprochene stattdessen, selbst erbost, verbal zu heftig dagegen, schaukelt sich die Aggression schnell hoch.

Soll man denn auch einlenken, wenn man den Ärger des anderen für unberechtigt hält?

Das ist oft sinnvoll. Alles, was in so einer Situation zur Deeskalation beiträgt, ist zunächst einmal ein Gewinn. Wenn die Beteiligten sich beruhigt haben, können sie den ursprünglichen Konflikt immer noch besprechen – und das sogar besser als mit aufgewühlten Emotionen.

Sogar wenn eine Person die andere zuvor vielleicht mit voller Absicht geärgert hat, lohnt dieses Innehalten. Es eröffnet die Chance, danach noch einmal in Ruhe zu sagen: „Ja, ich habe dir das vorhin bewusst an den Kopf geworfen, weil ich dir das immer schon einmal sagen wollte."

Das löst zwar möglicherweise erneut Ärger aus – aber die Chance, dass das Gegenüber über das Gesagte nachdenkt, ist sicher höher als in einer akut von Wut aufgeheizten Konfliktsituation.

» Ärger kann durchaus helfen, uns selbst besser zu verstehen: Er zeigt auf, welche Werte uns wichtig sind «

Wut verleiht Energie, rüttelt auf. Kann sie auch in der Politik positive Kräfte entfalten – zum Beispiel im Kampf gegen herrschendes Unrecht?

Das muss bezweifelt werden. Zwar kann Wut über Ungerechtigkeit ein Ansporn dafür sein, etwas ändern zu wollen. Aber wer dieses Ziel konstruktiv ins Auge fasst, etwa demonstriert, debattiert, sich engagiert, der handelt überlegt, der ist nicht in seinem Zorn gefangen. Wer sich dagegen fortwährend von seiner Erregung tragen lässt, buchstäblich zum „Wutbürger" wird, beharrt nur auf seinem Furor, bietet aber keine konstruktiven Ideen.

Sehen Sie darin eine Gefahr?

Wer seine Wut ungebremst weiter befeuert, schlägt oft irgendwann gewaltsam zu. Und generiert gleichzeitig in seinem Ärger Gedanken, warum es sein Opfer völlig zu Recht getroffen hat.

Denken Sie etwa an die Terroristen der RAF: Die haben sich in den Zorn so hineingesteigert, dass sie Morde begangen haben. Und hielten diese Gewalt selbst dann für vollkommen legitim, wenn sie Unbeteiligte traf.

Welches Ausmaß von Aggression ist denn normal?

Dazu entwickelt jede Gesellschaft eigene Normen, und die meisten Menschen verinnerlichen diese auch erfolgreich. Wenn in Deutschland jemand einen anderen versehentlich anrempelt, wundert sich niemand, wenn der sich beschwert oder kurz schimpft. Aber wenn er den Rempler deswegen zu Boden schlägt, würden wir sagen, er hat ein Problem mit der Ärgerregulation.

Manche Normen gelten auch nur in bestimmten sozialen Gruppen: Jugendliche tolerieren zum Beispiel im Freundeskreis untereinander Beleidigungen, die in anderen Altersgruppen als nicht akzeptabel gelten würden.

Glauben Sie, dass unsere Gesellschaft einen sinnvollen Umgang mit Ärger und Aggression fördert?

Viele Menschen tolerieren Aggression zu leichtfertig. Gewalt und Zerstörung werden in etlichen Lebensbereichen als normal präsentiert. Am deutlichsten zeigt sich das im TV-Programm mit seiner schier unendlichen Zahl von Krimis.

Aber auch Werbeplakate, Spielzeug und andere Bereiche der Alltagskultur zeigen Aggression viel zu oft als gewöhnlichen Umgang mit Ärger. Wenn wir diese gesellschaftliche Haltung ändern würden, dann hätte das sicher auch positive Auswirkungen darauf, wie Menschen im Streit miteinander umgehen •

einfach ein Typ, dem eine wichtige Kernkompetenz des Alltagslebens fehlt. Deshalb war ich auch ein schlechter Chef. Ich habe mich immer schwer damit getan, meinen Mitarbeitern Wünsche abzuschlagen. Ein Kollege fragte: Kann ich Urlaub machen, obwohl schon drei andere in dieser Woche weg sind? Das wäre echt nett. Ich antwortete: kein Problem. Diese Woche war dann natürlich die Hölle, nicht nur für mich, auch für den Rest der Crew.

Ich wollte, dass alle mich mögen – nein, besser gesagt: Ich wollte, dass der Mensch mich mag, der in diesem Augenblick gerade vor mir stand und etwas von mir wollte. Keine Ahnung, ob das nach dem Ja bei ihm tatsächlich der Fall war.

Die Instanz, die einen Jasager zum Jasagen drängt, sitzt tief in ihm drin. Andere hören in sich eine andere Stimme und müssen vielleicht zwanghaft putzen, obwohl es längst sauber ist.

Der Jasager ist schwach. Besonders großen Respekt genießt der Jasager in der Regel nicht.

Ein guter Chef muss Nein sagen können, auf eine gut begründete und freundliche Weise, die sein Gegenüber nicht kränkt. Er muss aber auch damit klarkommen, dass manche ihn nicht mögen.

Ich habe als Chef also Ja gesagt, bis es nicht mehr anders ging, bis ein Nein unabwendbar geworden war, und dann wirkte ich wohl manchmal ein wenig gereizt oder schroff bei meinem Nein. Ich ärgerte mich über mich selber, die anderen dachten natürlich, dass ich ihretwegen gereizt sei. Jetzt waren sie sauer, völlig zu Recht, und ich war in genau der Situation, die ich vermeiden wollte: Sie mochten mich nicht.

Wir Jasager verhalten uns widersprüchlich und irrational, manchmal richten wir sogar Schaden an, und das Peinlichste ist: Wir wissen es.

Ein anderer Widerspruch besteht darin, dass ich, der Jasager, mit einem Nein, das von anderen Leuten kommt, meistens ganz gut leben kann. Ich gehe zu einer Kollegin und bitte sie, für mich einen Termin zu übernehmen. Die Kollegin hat keine Zeit. Bin ich ihr böse? Keineswegs. Kein Mensch kann immer Zeit haben. Kannst du mich zur U-Bahn fahren? Nein, zu Hause wartet der Babysitter. Ist doch okay. Ich bitte sowieso ungern andere um etwas, ich stelle nicht gern Forderungen, aus dem gleichen Grund, aus dem ich nicht gern Nein sage.

Ich bräuchte jemanden, der versteht, wann mein zögerndes Ja eigentlich ein verdruckstes Nein ist – eine Person, die sagt: „Ich merke, du willst das eigentlich gar nicht, vergessen wir's, kein Problem!" Aber das wäre vermutlich zu viel verlangt.

Das Neinsagen ist, im ersten Moment, tatsächlich schwieriger. Die Ablehnung bedarf in der Regel einer Begründung, das Ja kommt ganz gut ohne Begründung aus.

Ein Nein fällt Menschen besonders schwer, die, aus welchen Gründen auch immer, auf Harmonie gepolt sind und gefallen möchten. Es kann mit der Kindheit zusammenhängen. Haben die Eltern ein Nein des Kindes akzeptiert, zumindest, wenn es nachvollziehbar erschien? Oder haben sie jedes Nein mit Liebesentzug, Ablehnung, Wut oder sogar Schlägen beantwortet?

Vielleicht steuert den Jasager aber auch das Bedürfnis, gebraucht zu werden. Oder er hat Angst davor, dass alle anderen ihn für einen Egoisten halten.

Ein gewisses Maß an Eigenliebe ist wichtig und richtig, das steht in jedem Lehrbuch der Psychologie. Meine Erfahrung hat mich außerdem gelehrt, dass gerade jene Mitbürger, die mir überdurchschnittlich egoistisch vorkommen, mit dem Vorwurf „Egoismus" besonders schnell bei der Hand sind. Das nennt man wohl emotionale Erpressung.

Aber auf mittlere und lange Sicht lohnt sich ein Nein fast immer, für beide Seiten. Der Neinsager fühlt sich besser nach dem Nein, das weiß ich aus meinen spärlichen Neinsager-Erfahrungen. Und die andere Person bekommt eine ehrliche Antwort.

Z

Zunächst ist einem manchmal gar nicht klar, dass man Nein sagen möchte, weil man längst zu einem Routinier des Ja geworden ist. Wenn ich wieder einmal Ja gesagt habe, ohne es zu wollen, spüre ich manchmal ein Unbehagen, ein vages Gefühl im Unterbauch, der Körper protestiert. Ich bekomme schlechte Laune.

Anja Förster und Peter Kreuz haben ein Buch geschrieben, das „Nein" heißt. Sie beschreiben erfolgreiche Menschen, die oft Nein gesagt haben, zum Beispiel zu den Konventionen und den gängigen Meinungen ihrer Zeit.

Eine ihrer Heldinnen ist die Physikerin Marie Curie, Jahrgang 1867, die sich gegen alle Widerstände als Wissenschaftlerin durchgesetzt hat.

Marie Curie konnte aber mehr als nur Nein sagen: Sie hat auch das Nein der anderen nicht akzeptiert, in ihrem Fall das Nein zu weiblichen Karrieren in der Forschung. Beides gehört zusammen. Die Neinsagerin kämpft für die Verwirklichung ihrer Ziele, der Jasager passt seine Ziele den Umständen an.

Die Fähigkeit, im richtigen Moment Nein zu sagen, beschreiben Anja Förster und Peter Kreuz als Voraussetzung fast jeder großen Karriere. Da haben sie wohl recht.

Auf der anderen Seite kann das Neinsagen auch schiefgehen. Nicht jeder eigensinnige Kopf setzt sich durch, so mancher erwirbt sich den Ruf eines Querulanten und scheitert. Ein Nein muss gut überlegt sein. Zu allem, was einem nicht passt, Nein zu sagen – das ist auch

> Ein **»Ja, aber«** kann eine Lösung sein: ein Kompromiss, mit dem beide leben können

Wer Nein sagen kann, zeigt damit oft Stärke und geht Konflikten nicht aus dem Weg. Aber er bekennt sich auch zur Grenze seiner Belastbarkeit

keine Lösung und ganz sicher kein gutes Rezept für Karriere und privates Glück.

Vielleicht hängt das Unbehagen am Nein mit unserer Natur zusammen, wir Menschen sind Gruppenwesen. Unsere Vorfahren hätten ohne den Schutz und die Solidarität ihrer Horde nicht lange überlebt. Das Gefühl, allein dazustehen, rührt an Urängste.

Wie lernt man das wohldosierte Neinsagen? Der Rat, den ich am häufigsten gelesen habe, ist praktisch und sehr leicht umzusetzen: Man erbittet sich Bedenkzeit. Diesen Wunsch wird kein vernünftiger Gesprächspartner ablehnen. Während der Bedenkzeit kann ich mir darüber klar werden, ob ich den Wunsch meines Gegenübers erfüllen möchte, und, falls das nicht der Fall ist, meine Motive herausfinden. Ich kann anschließend meine Absage begründen, klar und höflich, garniert mit einem „Danke". Vielleicht könnte ich sogar einen Kompromiss finden, ein „Ja, aber", mit dem beide Seiten leben können.

Menschen in Führungspositionen oder Stars haben oft einen eigenen Neinsager, den Assistenten, die Managerin, eine robuste Person im Vorzimmer. Das muss man sich leisten können.

Schlimm ist es für den Jasager, wenn sein mühsames Nein nicht akzeptiert wird, wenn die andere Person einfach weiter bohrt, bittet und drängelt.

Leute, die ein Nein nicht sofort akzeptieren, können selber wahrscheinlich sehr gut Nein sagen. Dann kann ich wütend werden, aus Hilflosigkeit, was sich darin äußert, dass ich sehr langsam und artikuliert spreche. Es ist die Ruhe vor dem Sturm. Ich habe, das ist mir wirklich peinlich, auch schon auf hartnäckige Nachfragen einfach nicht mehr reagiert.

In den letzten Jahren bin ich in puncto Neinsagen ein bisschen besser geworden. Während der Berlinale, dem großen Filmfestival, wollte ein alter Freund bei uns übernachten, wie stets in den vergangenen Jahren. Ich bin gern mit ihm zusammen, es ist schön, mit ihm in der Kneipe zu sitzen und über Gott und die Welt zu reden. Aber er gehört zu den anstrengenden Gästen. Er räumt sein Geschirr nie weg, er hinterlässt das Gästezimmer in traurigem Zustand, er kauft niemals ein, außer für sich selbst, er bedankte sich nie, wir fühlten uns wie Hotelpersonal.

Wir sprachen ihn ein paar Mal darauf an, das nützte nichts. Mit unseren Jobs und Kind und Hund haben wir gut zu tun. Also sagte ich diesmal Nein. Er reagierte mit einer wütenden E-Mail, die voller Vorwürfe war und in der er mir die Freundschaft kündigte.

Das war einerseits traurig, auf der anderen Seite war ich erleichtert. Eine Freundschaft, die Konflikte nicht aushält, ist wohl in Wirklichkeit keine. Das kurzfristig bequeme Ja kleistert Konflikte zu, ein Nein bringt oft die Stunde der Wahrheit. Mit einem ehrlichen Nein bekennen wir uns zu uns selbst und unseren Bedürfnissen, die selbstverständlich kritikwürdig sein können; die wenigsten sind perfekt oder Heilige.

Mit dem Nein sagen wir: So bin ich, das will ich, hier liegt die Grenze meiner Belastbarkeit. Wir sind, mit einem Modewort ausgedrückt, authentisch. Der andere weiß, woran er ist. Ein Jasager ist ein Drückeberger, und das funktioniert immer nur eine Zeit lang •

F***

Da legen wir Wert auf Umgangsformen und sittliche Streitkultur. Zugleich scheint unser Vokabular, um einander aufs Hässlichte zu verhöhnen, beinahe unerschöpflich. Warum treffen uns gerade Beleidigungen so schwer? Und weshalb pöbeln viele von uns so inbrünstig zurück?

Text: **Markus Wolff**

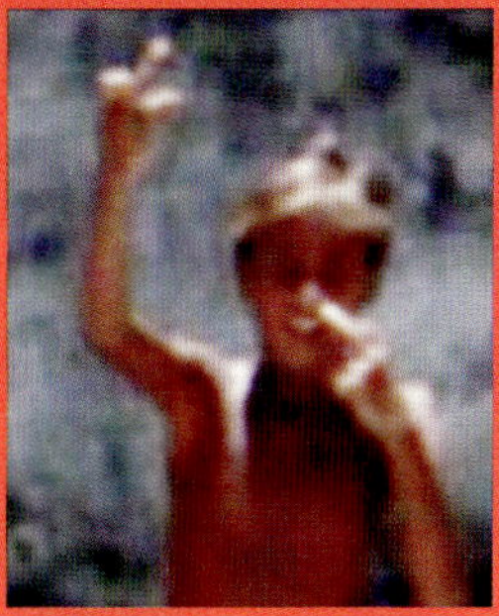

Fotos: **Michael Wolf**

you!

Der Mittelfinger als Ausdruck von Verachtung – hier in Bildern festgehalten, die der Fotograf Michael Wolf bei Google Street View aufgespürt hat

S

Shitstorm, Stinkefinger, Pöbeleien: Unsere Sitten scheinen zunehmend zu verrohen. Trügt der Eindruck, dass das Beleidigen und das Beleidigtsein immer mehr Menschen freudig-aggressiv zu neuen Hässlichkeiten anregen beziehungsweise, auf der anderen Seite, mindestens verschnupft, vielleicht gar verletzt zurücklässt? Vorrangig in den Risikogruppen: Schiedsrichter, Politiker, Polizisten, Prominente, Gläubige und Andersgläubige. Aber letztlich scheint ja niemand mehr dagegen gefeit, dass ihm jemand seine Geringschätzung durch eine Beleidigung mitteilt. Ob männlich oder weiblich, arm oder reich, dick oder dünn. Selbst beim Lesen dieses Textes ist es möglich, dass sich der eine oder andere beleidigt fühlen wird – bei einem rustikalen Thema wie diesem lässt sich nicht auf jede Mimose Rücksicht nehmen.

Aber was ist eigentlich eine Beleidigung?

Eigentlich ist es ganz einfach: Es handelt sich um eine Beleidigung, wenn der Beleidigte beleidigt ist. Sagt zumindest Simon Meier-Vieracker, Professor für Angewandte Linguistik an der Universität Dresden, der seit vielen Jahren zum Thema forscht. Das mag banal klingen, ist aber keineswegs selbstverständlich. Juristisch klären, ob eine Geste oder Äußerung als kränkend zu gelten hat und deshalb strafbar ist, lässt sich so nicht. Denn vor Gericht spielen die persönlichen Empfindungen des Beleidigten keine Rolle. Das unterscheidet Juristen von Kommunikationsforschern wie Meier-Vieracker, den vor allem interessiert: Wann beurteilt jemand etwas selbst als Beleidigung? Eben dann, „wenn ein Aspekt des Selbstbildes getroffen ist, der für ihn persönlich relevant ist", sagt Meier-Vieracker. Das heißt: Ein ehrgeiziger Sportler empfindet die Bezeichnung „fauler Hund" vermutlich als Kränkung. Wem Bewegung egal ist, den lässt dieselbe Schmähung womöglich völlig kalt.

Ein Gericht bewertet zuvorderst den „objektiven Sinngehalt", also, ob Äußerungen oder Gesten geeignet gewesen sind, die Ehre des Klägers zu verletzen – nicht, ob sie es wirklich taten. Ein Polizeibeamter, so wurde von deutschen Gerichten entschieden, muss sich die Bezeichnung „Oberförster" und auch „homosexuell" gefallen lassen. Jedoch macht sich strafbar, wer einen uniformierten Polizisten als „Clown" bezeichnet. Denn im üblichen Sprachgebrauch sei damit „ein Spaßmacher und Hanswurst", also ein „dummer, sich lächerlich machender Mensch" gemeint. Wer dergleichen dennoch tut, dem drohen Geldstrafe oder bis zu einem Jahr Haft.

Das schafft die Beleidigung natürlich nicht aus der Welt: Seit 1995 stieg die Zahl der jährlich polizeilich erfassten Fälle hierzulande von rund 115 000 auf über 220 000 im Jahr 2018; bei etwa jedem neunten kommt es zur Verurteilung.

Bei Ehrverletzungen zieht man heute nicht mehr in **tödliche Kämpfe** – sondern duelliert sich vor dem Amtsgericht

Dampf ablassen per Schmähgeste: Rein körperlich fühlt sich der Beleidigende dadurch kurzfrsitig besser

Oft kommt die Beleidigung als kleine **Schwester der Rache** daher – und soll vor allem eines: das Selbstwertgefühl des Beleidigers wiederherstellen

Was ist nötig für eine Beleidigung?

In jedem Fall war es: die Ehre. Ohne sie war lange Zeit jeder noch so ernst gemeinte Beleidigungsversuch wirkungslos (und ist es im juristischen Sinne bis heute). Denn die Ehre ist jener Teil des Menschen, den die Beleidigung verletzt. Bloß, was ist eigentlich Ehre? Darüber rätseln Philosophen und Psychologen seit Jahrhunderten. „Die Ehre ist, objektiv, die Meinung anderer von unserem Wert", beschrieb sie etwa der Philosoph Arthur Schopenhauer, „und, subjektiv, unsere Furcht vor dieser Meinung."

Schon früh jedenfalls taucht die Ehre in der Menschheitsgeschichte auf, gab es Familien- und Clanehren. Im Mittelalter war die Ehre vorwiegend dem Adel vorbehalten. Doch dann bildeten sich mit neuen, bürgerlichen Klassen auch neue Ehrbegriffe heraus, die teils bis heute wirken. Die Handwerkerehre etwa, die Kaufmannsehre. Selbst die zuvor Ehrlosesten witterten nun ihre Chance, sich von noch Ehrloseren abgrenzen zu können; zur Ganovenehre bekennt sich etwa jeder Kriminelle, der meint, seinen Beruf mit einem gewissen Maß an Anstand zu betreiben.

Nun ist die Ehre äußerst fragil, flüchtig, hochsensibel. Ein falsches Wort, eine falsche Tat – schon hat man sie verloren. So konnte eine Beleidigung einst vor allem in Dorfgesellschaften dramatische Folgen haben und den sozialen Tod bedeuten. Für das Gefüge einer Gesellschaft scheint Ehre jedenfalls unverzichtbar zu sein, auch wenn sie es ist, die das Problem der Beleidigungen erst ermöglicht. „Das ist eben der Preis für die Zugehörigkeit zu einer Gesellschaft: dass man sich angreifbar macht", sagt Kommunikationsforscher Meier-Vieracker.

Wie lässt sich verlorene Ehre wiederherstellen?

Über Jahrtausende haben vor allem Männer das auf raue Art versucht: Beleidigte und Gedemütigte führten Krieg im Großen (wie den legendären Trojanischen Krieg, infolge eines beleidigenden Ehefrauenraubes), vor allem aber im Kleinen: im Duell. In Frankreich, zum Beispiel, wurden zwischen Ende des 16. und Anfang des 17. Jahrhunderts 4000 Edelleute im Zweikampf getötet. Im 18. Jahrhundert entwickelte sich das Duell in Europa fast zu einer Modeerscheinung. Nach einer Beleidigung gehörte ein Kampf Mann gegen Mann in Adelskreisen regelrecht zum guten Ton. Dafür gab es feste Regeln, den Duellkodex. So hing die Wahl der Waffen davon ab, ob es sich bei der Beleidigung nur um eine Unhöflichkeit, um eine Beschimpfung oder gar um eine Handgreiflichkeit gehandelt hatte. Allein beim Pistolenduell wurde zwischen sechs verschiedenen Arten unterschieden. Sollte mit festem Standpunkt geschossen werden, mit Vorrücken, auf Kommando oder Signal?

Obwohl der Adel mit der Zeit erodierte, mangelte es bis weit ins 19. Jahrhundert nicht an neuen Duellanten: Studenten, Bürgerliche. Sogar der Arbeiterführer Ferdinand Lassalle forderte zum Zweikampf, weil sich der Frauenheld durch eine unterbundene Beziehung in seiner Mannesehre beleidigt fühlte. Drei Tage nach dem Duell starb er, eine Kugel hatte sein Geschlechtsteil getroffen.

Inzwischen ist das Duell mehr oder weniger aus der Geschichte verschwunden. Das vielleicht letzte Mal tauchte es 2002 in Peru auf, wo ein Abgeordneter den Vizepräsidenten nach einer Beleidigung („Feigling!") zum Pistolenduell forderte. Das liegt wohl auch daran, dass sich die Bedeutung von Ehre gewandelt hat. „Die Ehre hat im heutigen Wertgefüge ungefähr den gleichen Rang wie die Keuschheit", schrieb bereits in den 1970er Jahren der Soziologe Peter L. Berger. „Wer sie mit Nachdruck verteidigt, findet kaum Bewunderung. Und wer behauptet, er habe sie verloren, wird eher belächelt als bemitleidet." An die Stelle der Ehre sind das Ansehen, der Ruf, das Image getreten, die es natürlich auch zu schützen gilt. Doch zieht man dafür nicht mehr in tödliche Kämpfe, sondern nur vor das Amtsgericht.

Wie kam die Beleidigung in unsere Welt?

Darüber gibt es nur Vermutungen. Wie die von Schriftsteller Hans G. Raeth, der über „Die Kunst der Beleidigung" nachgedacht hat und glaubt, dass alles vor langer Zeit mit einer Geste begann. Natürlich nicht mit dem Stinkefinger oder dem als „Scheibenwischer" bekannten Wedeln vor dem Gesicht. (Zumal es Beleidigungen nachweislich lange vor Erfindung des Autos gab.) Aber vielleicht, glaubt Raeth, wurde früh der „Anus bereits mit Dreck, Unflat, Scheiße" verbunden. Denkbar also, dass irgendwann ein Wesen einem anderen seinen behaarten Hintern entgegenstreckte und diese affige Geste als Kränkung gedeutet wurde.

Vielleicht flog zu diesem Zweck auch ein Haufen Kot durch die Luft; gut möglich, dass der erste Shitstorm der Geschichte analog und nicht digital gewesen ist.

Immerhin steht fest: Zu diesem Zeitpunkt der Evolution war jener Menschenartige dem *Homo sapiens* schon näher als dem Affen. Denn offenbar sind Affen für das Konzept der Beleidigung gar nicht empfänglich. Das lässt sich aus einer Studie des Max-Planck-Instituts für evolutionäre Anthropologie ableiten, mit der eigentlich Egoismus und Gemeinsinn bei Schimpansen untersucht werden sollten. Mithilfe eines Seilzugs konnten die Tiere entscheiden, ob nur sie selbst oder auch Artgenossen Futter bekamen. Ergebnis: Die Tiere verhielten sich zwar meist egoistisch – aber weder zeigten die Verlierer Anzeichen von Beleidigtsein, noch schienen die Täter Schadenfreude oder Genugtuung zu empfinden. Wer aber keine Schadenfreude und damit Genugtuung empfindet, kann sich seine Beleidigung gleich ganz sparen. Denn dann verfehlt sie als psychohygienisches Instrument ihren Sinn.

Warum Beleidigen Menschen überhaupt?

Auch darüber herrscht unter Wissenschaftlern Uneinigkeit. Vielleicht ist es die Lust an der Normüberschreitung. Vielleicht dient die Beleidigung dem Beleidiger auch als Ventil, um Ärger abzulassen, indem kurzerhand das Ego eines anderen verletzt wird. Rein körperlich betrachtet, fühlt sich der Beleidigende in jedem Fall kurzfristig besser. Zumindest dann, wenn er sich für eine vorangegangene Kränkung revanchieren will – für die genommene Vorfahrt, die Rote Karte, die Kündigung.

Oft kommt die Beleidigung als kleine Schwester der Rache daher; nicht ohne Grund fällt sie in der Psychologie unter „Aggressionsforschung". Denn Rache und Beleidigung sollen beide vor allem eines: das Selbstwertgefühl des Rächers oder Beleidigers wiederherstellen. Und so setzen sie im Erwartungssystem des Gehirns den gleichen Prozess in Gang, der auch bei Vorfreude auf Sex, Süßigkeiten und Drogen aktiv wird: Bestimmte Nervenzellen schütten Boten-

Nicht zuletzt die Lust an der Normüberschreitung scheint uns beim Pöbeln anzustacheln, meinen Experten

Gesellschaftlich gesehen kann die Beleidigung eine **stabilisierende Funktion** haben: indem sie Fehlverhalten anprangert und sanktioniert

stoffe aus, die Lust empfinden lassen und den Geist in Wohlbehagen tauchen. Diese wonnigen Gefühle nutzt der Körper als natürliches Signal: dass ein bestimmtes Verhalten ihm guttut, vielleicht gar für sein Überleben gut ist.

Was aber löst die Kränkung auf der anderen Seite aus: bei den Beleidigten, die rein äußerlich – wie Wissenschaftler beobachtet haben – oft mit Vorschieben der Unterlippe reagieren, Verschränken der Arme und mit schamvoll gesenktem Blick? In jedem Fall scheint die Reaktion so schmerzhaft zu sein, dass schon der Begriff im Deutschen jenes „Leid" enthält, das man dem Gekränkten antut.

Wer lässt sich am leichtesten beleidigen?

Menschen mit geringem Selbstwertgefühl, könnte man meinen. Denn wer ohnehin kein gutes Bild von sich hat, ist empfindlicher und leichter bereit, aggressiv auf eine Kränkung zu reagieren.

Eine amerikanische Forschergruppe hat jedoch das Gegenteil festgestellt; mit einem Experiment auf offenem Bürgersteig: Dabei wurden „weiße" Bürger aus den Nord- und den Südstaaten von Forschern grundlos angerempelt und beleidigt („Arschloch!"). Die Testpersonen aus dem Süden, wo eine ausgeprägtere Kultur der Ehre herrscht und die Menschen tendenziell mehr von sich selbst halten (oder das zumindest vorgeben), drohten dabei als Antwort auf die Provokation am ehesten mit Gewalt. Sie wiesen gleich nach der Beleidigung auch einen höheren Spiegel des Stresshormons Kortisol auf, hatten obendrein mehr Testosteron im Blut.

Für die Seite des Beleidigers wird häufig auch ein Zusammenhang von Beleidigungsneigung und Intelligenz behauptet. Allerdings ist bislang unklar, ob eine Beleidigungsneigung ein Zeichen von hoher oder eher von mangelnder Intelligenz sein könnte. Zumal sich die Bandbreite der Beleidigung von stumpfen Kraftausdrücken („Schwarze Sau!" im Fußballstadion) bis zur gezielten Spitze erstreckt, die schon ein hohes Maß an Reflexion erfordert. Martin Luther, beispielsweise, gilt wegen seiner mit heftigen Schmähungen durchsetzten kirchenkritischen Schriften als einer der größten Beleidiger aller Zeiten.

„Und dem kann man wirklich nicht mangelnde Intelligenz vorwerfen", sagt Kommunikationsforscher Meier-Vieracker.

Stimmt der Eindruck, dass heute mehr beleidigt wird als in früheren Zeiten?

Vermutlich nicht. Beleidigt wurde schon im alten Ägypten, und zwar nachweislich in Form von Drohungen und Verwünschungen, die man zur Abschreckung von Grabräubern an die Wände von Grüften schrieb. Zum Beispiel: „An jeden, der in seiner Unreinheit diese Kammer betritt: Ich werde seinen Hals wie den eines Vogels verdrehen." Auch in der römischen Republik war die Schmähung beliebt und gängig. Der Dichter Catull festigte etwa seinen Ruhm mit Stücken, in denen er Persönlichkeiten, aber auch eigene Freunde verhöhnte (zum Beispiel als „Fellatio-Liebhaber") und mit derben Schimpfwörtern belegte. Durch die gesamte mittelalterliche und neuzeitliche Geschichte zieht sich zudem eine breite Beleidigungsspur aus Schmähschriften und Flugblättern. Und mögen Blogs und Foren im Internet auch die Petrischalen sein, in denen neben Diskussions- auch Unkulturen prächtig gedeihen – ob heute mehr beleidigt wird als früher, lässt sich nicht so leicht entscheiden.

Kommunikationsforscher Meier-Vieracker glaubt aber, dass sich die Qualität der Beleidigungen grundlegend gewandelt hat. „Was geschrieben wird, bleibt länger konserviert und erreicht ohne Mühe eine große Öffentlichkeit. Und je heftiger und niederträchtiger die Beschimpfungen sind, desto größere Aufmerksamkeit bekommen sie."

Wie lässt sich die Beleidigung endgültig loswerden?

Das ist vielleicht gar nicht wünschenswert, denn mitunter hat auch das vermeintlich Schlechte sein Gutes. Es mag paradox klingen: Aber dadurch, dass sie Fehlverhalten sanktioniert, ermöglichte zum Beispiel die Rache erst, dass Menschen zivilisiert zusammenleben. Ähnlich ist es bei der Beleidigung. Denn damit eine Ehrverletzung stattfinden kann, ist immerhin ein Ehrenkodex erforderlich, der das soziale Zusammenleben regelt. Deshalb, sagt Schmäh-Forscher Meier-Vieracker, kann die Beleidigung auch stabilisierend wirken, „weil sie soziale Verhaltensnormen immer wieder korrigiert". Erstrebenswert sei jedoch eine Beleidigungskultur, die nicht auf Kosten der Schwachen gehe.

Hoffentlich kommt dieser Appell bei allen Schwachköpfen an, die es betrifft ●

GEOkompakt Nr. 64 erscheint am 2. 9. 2020

WOHLLEBENS WELT

Endlich ist der Sommer da!

Zeit, die Natur zu genießen

Jetzt, in den sonnigen Monaten, lassen sich manche Tiere besonders gut beobachten. Libellen etwa: Die Luftvirtuosen sind auf Partnersuche und bilden zur Paarung herzförmige Liebesräder. Oder Murmeltiere: Emsig stopfen die kecken Nager ihre Mäuler voll Grünzeug, schließlich müssen sie sich eine dicke Speckschicht anfressen für den kommenden Winter. WOHLLEBENS WELT stellt viele weitere sommerliche Naturmomente vor. Und entführt Sie in ein tief unter uns liegendes Geheimnis: das Grundwasser – eines der größten Ökosysteme der Welt.

WOHLLEBENS WELT im Sommer 2020 ist 116 Seiten stark und kostet 6,50 Euro. Weitere Themen: Orchideen: Die bedrohte Pracht • Eifel: Deutschlands wilder Westen • Prophet: Gibt es den Wetterfrosch? • Neue Mitbewohner: Tiere in der Stadt

GEO SPECIAL

Unfassbare Natur

Unterwegs in den Alpen

GEO SPECIAL »Alpen« ist 148 Seiten stark und kostet 9,90 Euro. Weitere Themen: Bad Gastein • Almleben • Südtirol-Krimi • Plus: die besten Hotels, Restaurants und Ausflugstipps

Gipfel und Täler, Seen, Almwiesen, schroffe Felsen und atemberaubende Ausblicke – die Alpen faszinieren seit jeher die Menschen. Das europäische Hochgebirge lockt alljährlich Hunderttausende nach Bayern, Baden-Württemberg, Österreich, Italien, Frankreich, nach Slowenien und in die Schweiz. GEO Special-Reporter waren dort unterwegs und erzählen vom besten Schweizer Käse, von einer Sieben-Seen-Wanderung in Slowenien, italienischem Wein und Bergführern, die ihre Lieblingstouren verraten – eine Hommage an Europas größtes Wildnisparadies.

GEO

Im Grünen

Zufluchtsort Garten

Der Garten hat in der Menschheitsgeschichte stets das geliefert, was gerade das Wertvollste zu sein schien: Nahrung natürlich; genauso wichtig war er aber als Zufluchtsort, irdisches Paradies, Instrument der Selbstdarstellung. Und nun, in Zeiten der Krise? In der aktuellen GEO-Ausgabe erklärt Bestsellerautorin Meike Winnemuth, warum sie sich gerade jetzt so gern ins private Grün zurückzieht: „Im Garten regieren Glaube, Liebe, Hoffnung, diese drei. Nichts hat mich jemals so froh nach vorn blicken lassen wie Gartenarbeit: Mach einfach."

Die **GEO**-Ausgabe 7/2020 erscheint am 12. Juni und kostet 8,30 Euro. Weitere Themen: Krokodilmänner in Papua-Neuguinea • Tierwohl in der Schweinehaltung • Das Ende des Ölzeitalters